ADAUTO FELISÁRIO MUNHOZ

Vida de Santa Rosa de Lima

Mística e missionária

Com orações e novena

EDITORA
SANTUÁRIO

Dados Internacionais de Catalogação na Publicação (CIP) de acordo com ISBD

M966v Munhoz, Adauto Felisário

Vida de Santa Rosa de Lima: mística e missionária / Adauto Felisário Munhoz. - Aparecida : Editora Santuário, 2021.

192 p. ; 14cm x 21cm.

ISBN: 978-65-5527-155-3

1. Religião. 2. Cristianismo. 3. Santa Rosa de Lima. 4. Vida. 5. Missionária. I. Título.

2021-4062 CDD 240
CDU 24

Elaborado por Vagner Rodolfo da Silva - CRB-8/9410

Índice para catálogo sistemático:

1. Religião : Cristianismo 240
2. Religião : Cristianismo 24

2ª impressão

Rua Pe. Claro Monteiro, 342 – 12570-045 – Aparecida-SP
Tel.: 12 3104-2000 – Televendas: 0800 0 16 00 04
www.editorasantuario.com.br
vendas@editorasantuario.com.br

SUMÁRIO

APRESENTAÇÃO

Quando sentimos imensa admiração por um santo, nós o divinizamos tanto, fazendo dele um ser quase irreal e colocando-o no patamar dos anjos. Esquecemos o mais importante: sua caminhada terrena e as grandes obras que fizeram dele um santo. Muito mais que seus méritos estão seus feitos. Ninguém se tornou santo sem ter vivenciado o amor misericordioso para com o próximo.

Mais que ser a primeira santa do continente americano, Santa Rosa de Lima tem muitos feitos interessantes para nos revelar do que ser somente a jovem mística que passou boa parte de sua vida em oração.

Mulher forte, corajosa e determinada, vivendo o Evangelho de forma intensa, lutou contra as injustiças se colocando a serviço dos injustiçados. O testemunho fala mais que as palavras. Santa Rosa soube mais do que ninguém fazer isso porque via o Cristo sofredor no próximo. Consumiu-se em amor pela Igreja, que amou como mãe, e nela viveu toda a sua caminhada cristã. Era aparentemente frágil e terna, mas, ao mesmo tempo, corajosa, forte e determinada. Nada lhe impunha medo ou intimidação, por isso ela encarnou em si a imagem daqueles que se propuseram viver as lições do Evangelho com autenticidade. Abraçou a causa da Igreja Latino-Americana e do povo sofrido, perseguido e martirizado. Sua vida nos serve de questionamento e edificação. O papa Bento XVI, quando ainda era cardeal, em 19 de julho de 1986, visitando o Santuário de Santa Rosa em Lima, falou: "De certa forma, essa mulher é uma personificação da Igreja da América Latina: imersa em sofrimentos, desprovida de meios materiais e de um poder significativo, mas tomada pelo íntimo ardor causado pela proximidade de Jesus Cristo". Humilde como era, Santa Rosa de Lima nunca teve obsessão por ser santa de altar, queria, no entanto, a santificação do próximo. Ao desejar a santificação dos outros, já tinha uma atitude de santidade.

Neste livro, conheceremos a pessoa, os feitos de Santa Rosa e a época em que ela viveu. De sua biografia, podemos tirar lições e ensinamentos do passado para os dias de hoje, pois Santa Rosa nos legou muitos exemplos para isso. O que dá valor à biografia de um santo é a catequese que ela nos passa e seu projeto de vida que continua atual aos dias de hoje.

Adauto Felisário Munhoz, O.P.

Primeira parte

Infância e juventude

A FAMÍLIA

Santa Rosa nasceu na cidade de Lima, no Peru, no dia 30 de abril de 1586. Há quem diga que foi no dia 20 de abril, mas muitos historiadores se baseiam em um relato da própria mãe de Santa Rosa que afirmou que sua filha veio ao mundo na data por ela mencionada, ou seja, 30 de abril.

Seus avós eram espanhóis e vieram para o Novo Mundo como imigrantes. Gaspar Flores, seu pai, era natural de São João de Porto Rico, nas Antilhas, e, buscando uma vida melhor, foi para Lima. Era alto, magro, porém forte, tinha corpo sofrido pelas durezas da vida enfrentadas no dia a dia. Era militar, integrava a Brigada dos Arcabuzeiros na segurança do Vice-rei de Lima, Don Andrés Hurtado de Mendonza. Sua mãe peruana, Maria Oliva, nasceu na cidade de Lima e era filha de dom Francisco de Oliva y Herrera e de dona Isabel Oliva, ambos de origem espanhola.

Em 1577, com 55 anos de idade, Gaspar Flores se casou com a jovem Maria Oliva, com quem teve treze filhos. Desses, alguns faleceram ainda pequenos e de outros não se tem o nome. Segundo as informações que nos legaram são eles: Bernardina, nascida 1581; uma segunda menina, da qual não se sabe o nome, faleceu aos 14 anos; Fernando; Francisco; Joana; André; Antonio; e Matias; dois irmãos dos quais não se sabe o nome; e, por último, Isabel, que passou a ser conhecida no mundo inteiro como Santa Rosa de Lima.

Viveram na periferia de Lima a três quadras do convento de São Domingos de Gusmão. Hoje, essa casa está transformada em um santuário e fica na Avenida Tacna, em frente à rua Lima.

Casa onde nasceu Santa Rosa de Lima

O NASCIMENTO

Dentro do histórico familiar dos Flores, podemos observar que havia uma diferença de idade muito grande entre os pais de Santa Rosa. Dom Gaspar, quando se casou, tinha 55 anos, e, para ter tido 13 filhos, dona Maria Oliva devia ser bem jovem. No contexto cultural da época, não devia haver preconceito social de idade. E, se havia pessoas preconceituosas, dona Maria Oliva, graças a Deus, não teve esse tipo de pensamento, porque, se o tivesse, teríamos sido privados da vinda de Santa Rosa ao mundo. Na verdade, a idade é só um número. O que conta é o caráter, a dignidade, a responsabilidade e a grandeza de personalidade da pessoa. Dentro da plenitude do amor verdadeiro entre duas pessoas, as diferenças se tornam iguais. Entre Dom Gaspar e Dona Maria Oliva falou alto mesmo o amor que ambos nutriam um pelo outro.

Dona Maria Oliva sofreu muito com todo tipo de mal--estar em suas gravidezes, mas estranhou, durante a gravidez de Rosa, sua caçula, tudo correr de forma normal, sem nenhum problema ou desconforto.

Vinte e cinco dias após seu nascimento, foi levada à igreja para ser batizada. E, como atesta o livro da paróquia de São Sebastião, em Lima, no relato do próprio pároco: "No domingo, dia da Páscoa do Espírito Santo, vinte cinco de maio de mil quinhentos e oitenta e seis, batizei a Isabel, filha de Gaspar Flores e de dona Maria Oliva. Foram seus padrinhos: Henrique de Valdéz e Maria Orosco, assinando: Padre Antonio Polanco".

A FORÇA DE UM NOME

Até os três meses de idade, todos chamavam a caçula de Isabel. Mas um fato extraordinário mudou definitivamente o nome da menina. Mariana, uma índia, era a pajem da menina e a tratava com todo o zelo e carinho. Em um dia em que Isabelzinha dormia, Mariana foi ver se tudo estava bem. Para sua surpresa, o rosto da menina estava com um tom rosado, repleto de serenidade. Mariana, encantada, chamou as meninas da casa para ver aquele prodígio. Dona Maria Oliva, ouvindo aquele barulho, correu para ver o que havia acontecido e também se espantou. A menina dormia serenamente com aquela cor rosada nas duas faces. Tinha mesmo o aspecto de uma rosa muito bonita. Então lhe veio o nome Rosa, com o qual ficou conhecida para sempre. Ao vê-la acordar e notando que tudo estava bem, tomou a filha nos braços. Dona Maria Oliva, em suas memórias, recordou que disse à pequenina: "Prometo-te, minha filha, eu e minha alma, que, enquanto eu viver, jamais te chamarei por outro nome a não ser Rosa".

Isso causou um grande desconforto entre a avó e a mãe da menina. Rosa havia sido batizada como Isabel, que era o nome da avó. De repente, ela viu seu nome ser excluído e, no lugar, ser posto outro; foi um choque para a matriarca da família. Viu que todos só chamavam sua neta de Rosa ou Rosinha. Começou o desentendimento entre mãe e filha. Dona Isabel passou a sentir certo desprezo por Maria Oliva, sua filha, que, mesmo diante da exigência de sua mãe, que queria que a neta fosse chamada de Isabel, insistiu que o nome seria Rosa, por causa do fato miraculoso que presenciou como um sinal de Deus. E, apesar dessa contenda familiar, o nome Rosa acabou ficando de uma vez por todas. Quando ocorreu o dia de sua Crisma, o bispo anexou e confirmou seu nome. A avó acabou aceitando no futuro. Teve escrúpulos, porque o arcebispo confirmou e, católica como era, não iria desobedecer à Igreja. Rezando, piedosamente, diante da imagem de Nossa Senhora do Rosário, a Virgem Maria a serenou, confirmando que desejava que sua neta fosse chamada de Rosa de Santa Maria, como sinal de sua consagração à Mãe de Jesus. Daquele momento em diante, definitivamente, ficou conhecida por todos como Rosa de Santa Maria.

A INFÂNCIA

Naquele tempo, não havia ainda escolas em estilo jesuíta, como vemos nos dias de hoje, com classes, carteiras e um mestre ensinando diante da lousa. Dona Maria Oliva reunia o útil ao agradável: fazia um trabalho educativo como professora, o que ajudava nas despesas da família, reunindo muitas crianças em sua casa, alfabetizando-as, ensinando-as outras matérias, como aritmética, história, geografia, e, sobretudo, instruindo-as na fé, por meio da aula de catecismo. Não temos documentos ou relatos mais precisos, mas tudo indica que ela teve uma ótima formação pedagógica ou acadêmica.

Rosa se misturava no meio das crianças e, mostrando-se muito atenciosa e aplicada, com elas aprendia tudo o que a mãe ensinava. Bem cedo descobriu a importância de ler bons livros, que foram sempre sua grande paixão. Por meio deles, adquiriu tanto conhecimento e tanta sabedoria!

Vivendo normalmente, como qualquer outra criança, Rosa, no entanto, demonstrava algo singular: o carinho pela oração, o afeto por Nossa Senhora e o imenso amor pelo Menino Jesus. Pode parecer um exagero fantasioso mencionar que, nessa época, começou a florir sua ascese espiritual.

Certa vez, quando era ainda bem pequenina, foi fechar uma arca e a tampa feriu um de seus dedos. O barulho fez com que a mãe, preocupada, fosse ver o ocorrido; mas nada percebeu. Após alguns dias, dona Maria Oliva viu o que ocorreu. Rosa, com o dedinho todo infeccionado, com uma ferida purulenta, precisou ser levada a um médico. Em um tempo em que nem se imaginava existirem medicamentos anestésicos, o cirurgião ficou perplexo ao ver que ela não reclamava nem chorava diante de tanta dor. O mesmo aconteceu quando, em outra vez, teve uma infecção no ouvido e outra no couro cabeludo. Apesar da dor, nunca reclamou de nada.

MUDANÇA PARA A CIDADE DE QUIVE

Quive é um lugarejo, distante 60 km de Lima, e fica entre as montanhas no vale do rio Chillon. É um lugar rústico, que, em 1597, contava com três mil habitantes que viviam trabalhando nas minas de prata, em função da extração do precioso metal.

Dom Gaspar Flores era o arcabuzeiro do Vice-Rei do Peru. As espadas, espingardas e arcabuzes feitos por ele eram, sem dúvida alguma, os melhores do país. Também gozava de certo privilégio por causa do cargo que ocupava. Esse deve ter sido uns dos motivos de o Vice-Rei ter-lhe oferecido uma oportunidade de administrar uma mina de prata em Quive. Uma oportunidade imperdível, pois seria uma forma de melhorar a renda familiar. Mas, pela rudeza do local e por ser cuidadoso com o conforto e a segurança da família, dom Gaspar propôs ir, para averiguar a situação, e depois buscar a todos. Dona Maria Oliva, companheira de todas as horas e muito determinada, pensou muito e não se intimidou em afirmar que ela e os filhos iriam. Temeroso, ele comentou:

– E se algo der errado e não tivermos os resultados esperados?

Dona Maria Oliva lhe passou toda a segurança:

– Você é o melhor arcabuzeiro do Vice-Rei. Se algo der errado, voltaremos juntos para Lima e reocuparemos nossa casa e você, seu trabalho.

Com essa segurança toda, dom Gaspar Flores partiu para Quive com a família.

Rosa, nessa época, estava com onze anos. Por ser a primeira vez que saía de Lima, estava eufórica pela viagem e ansiosa de estar entre as montanhas que ficavam muito distante de sua terra natal. Ver os índios e os rebanhos de lhamas, nas regiões da cordilheira dos Andes, encantava-a. Não via a hora de partir para Quive.

Fernando era o irmão preferido de Rosa. Com ele teve uma amizade fraterna e de santidade mesmo quando eram adultos. Talvez, pela proximidade da idade, fosse ele seu amigo e parceiro de confidências. Um irmão querido que estava sempre próximo, apoiando todos os seus sonhos e projetos.

Em torno de 1597, dom Gaspar Flores e sua família já se encontravam alojados em Quive.

A VISITA PASTORAL DO BISPO DE LIMA

Quive era um povoado composto de índios ou descendentes de índios, que viviam em estado de escravidão, trabalhando muito nas minas de prata e sendo mal remunerados pelos ricos espanhóis. Então ser escravo em sua própria terra natal, ser oprimido, explorado e lesado por gente de fora causava enorme revolta, raiva e indignação nos habitantes da aldeia. Antes tinham uma sociedade organizada e ninguém passava fome ou qualquer outro tipo de necessidade. Agora que os estrangeiros se apossaram de suas terras, viviam na privação e caminhando como indigentes e errantes.

O pároco de Quive, frei Francisco Gonzáles, religioso da Ordem dos Mercedários, estava ali como missionário no meio daquele povo que se mantinha rebelde e fiel a sua religião nativa. O grupo de cristãos católicos era bem pequeno, mesmo assim o sacerdote não se cansava de insistir na conversão de todos.

Para animar e fortalecer a fé do povo, o bispo de Lima, futuro São Turíbio de Mongrovejo, decidiu ir a Quive para uma visita pastoral. Uma de suas atividades era crismar as crianças do lugar. Mas não houve um número significativo para receber o sacramento da Crisma, apenas dois garotos e a menina Rosa, a caçula da família Flores. Dona Maria Oliva, fazendo uso de um catecismo escrito pelo próprio bispo Dom Turíbio, preparou-a para esse grande dia de sua vida. O bispo confirmou seu nome como Rosa, ungindo sua testa com o óleo bento. O mesmo aconteceu com os dois garotos; foi uma cerimônia simples, mas cheia de unção do Espírito Santo. Como era costume da época, o próprio pároco, frei Francisco Gonzáles, foi o padrinho de Crisma de Rosa.

Apesar de sua fama de santidade em Lima, o bispo não escapou dos insultos e das provocações dos indígenas, que, revoltados, proferiam ofensas contra ele, com palavras pesadas, em seu idioma quíchua:

– Vocês invadiram nossa pátria e a tomaram de nós! Éramos livres e hoje somos escravos! Estão levando todo o nosso ouro e toda a prata de nossa terra.

Diante de uma recepção tão violenta como aquela, Dom Turíbio chegou a chorar.

De fato, era triste ver a penúria em que vivia esse povo, que trabalhava, incansavelmente, por míseros soldos; muitos acabaram morrendo.

Rosa, ainda menina, conseguia entender a dor, o sofrimento e a inconformidade de seu povo. Viu também que o mau comportamento de certos cristãos impedia que os nativos acreditassem em um Deus Pai misericordioso e no Cristo libertador.

A FAMÍLIA RETORNA PARA LIMA

Fernando era dois anos mais velho do que Rosa; ele tinha treze e ela, onze anos, na época em que moraram em Quive. Essa proximidade de idade fazia com que ambos vivessem sempre em confabulações. Fernando foi sempre o irmão e o amigo que compreendia e apoiava a irmã caçula.

Certo dia, enquanto caminhava em silêncio, rezando, Rosa nem percebeu a chegada do irmão, que, de início, notou certa tristeza no rosto e no olhar dela; isso o deixou preocupado.

– Algum problema, Rosa?

– Sim, irmão! Muitos problemas. Não consigo parar de pensar nesses pobres índios sendo escravizados em seu próprio país, passando fome, sendo explorados e sem respeito e dignidade.

– Rosa, você nunca pensou que deveríamos estar contentes por não sermos índios nem negros? Veja como eles sofrem: preconceito, exploração, trabalho escravo. Nem os adultos e muito menos as crianças têm oportunidade de viver dignamente: É justamente nisso que eu venho pensando desde o dia de minha Crisma. O Peru pertence aos índios. Eles são os verdadeiros donos da terra. Os espanhóis e nós, seus descendentes, somos invasores, intrusos e opressores. Os índios foram arrancados e expulsos de suas terras e transformados em cativos. Isso não devia ser assim. Eles são os verdadeiros filhos desta terra e a receberam de Deus como herança.

– Entendo sua indignação, minha irmã, mas nada podemos fazer para mudar essa situação.

– E ainda ladram seu patrimônio, levando para a Europa o ouro, a prata, que pertencem aos índios, como se fossem eles os verdadeiros donos dessas riquezas extraídas e furtadas, e expõem os índios a uma situação como se não fossem nada. Mesmo intrusos, sentem-se os donos das terras e de tudo. Isso é injusto, sendo que os índios habitam o Peru há séculos. Pessoas em posições privilegiadas e financeiramente abastadas oprimem os pequenos e pobres e, muitas vezes, vivem dentro da igreja. Esses maus cristãos, com seu exemplo ruim, fazem com que esses pobres índios não acreditem em Jesus Cristo, como nosso Deus e Libertador. Essa é minha tristeza, meu irmão. Algo precisa ser feito.

Muito cedo Rosa foi tocada pela misericórdia de Deus, com um desejo enorme de viver para Ele e a serviço dos pobres, doentes e desvalidos. Era uma criança inconformada com as injustiças.

NOVAMENTE EM LIMA

Ter morado em Quive não deixou de ser uma experiência interessante. Para Rosa foi mais que isso, pois pôde ver o sofrimento do povo, por causa das injustiças. Três anos após terem saído de Quive, um terremoto destruiu o local, e as pessoas tiveram de ir morar em outras vilas nas redondezas.

Em Lima, tudo voltou ao normal, mas Fernando, tão próximo de Rosa, notava constante tristeza em seu olhar. Percebeu que ela se mantinha, muitas vezes, em silêncio enquanto realizava todos os trabalhos da casa: cultivar, colher muitas flores no quintal de sua casa. Ela também as vendia na feira e sempre trazia uns patacões como resultado da boa venda, que entregava feliz para a mãe. Diante de tantas indignações da irmã a respeito da falta de justiça e do sofrimento alheio, Fernando tentou dar-lhe uma solução:

– Rosa, minha irmã, por que se preocupa tanto com os outros? Logo você vai crescer, tornar-se uma jovem e irá se casar. E, como diz mamãe, com um homem rico bem-apessoado e será muito feliz.

– Eu me casar? Jamais! Quero ficar livre para ajudar nossa família e as pessoas necessitadas.

– Mas isso será impossível. Toda moça em Lima só tem dois caminhos: ou contrai matrimônio ou vai para um mosteiro para ser monja.

– Não farei nem uma coisa nem outra. Já me consagrei a Jesus e ficarei no mundo para ajudar as pessoas.

Fernando não quis prolongar o assunto, pois não queria se indispor com sua irmã caçula, tão querida por ele. Era sua grande amiga, sabia que ela, apesar de adolescente, era muito convicta, madura e determinada em suas decisões. No entanto Fernando sabia que quem escolhia os pretendentes era o pai, e certamente Rosa não teria como fugir da regra, na hora em que dom Gaspar decidisse casar a filha.

ROSA, A MENINA POETISA

Rosa era musicista de múltiplos talentos: tocava harpa e cítara, porém a guitarra (violão) era seu instrumento preferido. Amava cantar se acompanhando. Gostava tanto de música que, certa vez, chegou a dizer: "Tirar de mim a música e o canto é o mesmo que me tirar o comer". Foi uma jovem alegre e feliz!

Somente alguns fragmentos de suas obras foram traduzidos do espanhol de forma literal para o português, sem rimas. Em um versinho, ela se inclui aos nomes de seus pais:

Ai, Jesus de minha alma,
Que bom surgis,
Entre Rosas e *Flores*,
Olivas verdes.

Para seu Anjo da Guarda ela compôs:

Jovem celestial,
Voa ao Criador,
Diz-lhe que, sem vida,
Eu vivendo estou.

Diz-lhe os meus desejos,
E grande veemência,
Pois vive ele que espera,
E eu me desfaleço.

Roga-lhe que venha,
Até a mim, veloz,
Mostra-me seu rosto,
Que desfaleço de amor.

O relato que temos é de seu confessor, o padre Loaiza. Todas as tardes, Rosa se retirava em um canto do jardim de sua casa para fazer suas orações. Todo dia, nesses momentos, vinha um passarinho no galho de uma árvore cantar enquanto ela rezava. Ela, retribuindo o carinho do amiguinho, cantava para ele. É de sua autoria esta quadrinha:

Passarinho, rouxinol,
Louvemos o Senhor.
Louvas tu o Criador,
E eu o meu Salvador.

Talvez seja um de seus últimos poemas, composto no início da doença que a consumiu até seu fim. Poema pequeno, mas emocionante, em que, pressentido sua partida, revelou seu místico amor por Deus Pai Criador. E recomendou sua mãe a Deus, aos cuidados e à proteção de São Domingos de Gusmão, seu pai espiritual.

Oh! Meu Deus, eu te amara,
Oh! Se te amara, meu Deus.
E, amando-te, eu ficara,
Ardendo em chamas de amor.

Como te amarei, meu Deus?
Como te amarei, Senhor?
Sendo eu tua criatura,
E tu meu Criador.

Pai meu, Domingos,
Antes que eu morra,
Confio-te a minha Oliva,
Que ficará solitária.

A ADOLESCÊNCIA

Uma grande paixão de Rosa eram os livros. Amava-os e, sempre que tinha um tempinho de sobra, ficava absorta nas leituras. Gostava de ler as obras escritas por frei Luiz de Granada, frade dominicano, as quais eram famosas na época. Admitia que o conhecimento transmitido por meio de bons livros gerava sabedoria, por isso lia muito e incentivava os outros a lerem.

Nessa época, Rosa sentia um enorme desejo de fazer algo para amenizar os sofrimentos dos índios, escravos, das pessoas doentes, famintas e necessitadas; as crianças eram, sobretudo, sua grande preocupação. Queria fazer muito, resolver tudo, mas sentia-se pequena diante de tantos problemas. No silêncio de suas orações, tomou uma decisão: já que não podia fazer grandes coisas em consequência dos obstáculos que encontrava, iria fazer tudo por etapas: das tarefas menores e bem-feitas até, já na fase adulta, as maiores e as mais difíceis.

Sua infância e adolescência poderiam ser consideradas normais, como a toda mulher limenha, mas Rosa se distinguia por algo que a fazia diferente: seu grande amor pela oração e pelo isolamento, isto é, poder ficar em silêncio com Deus. Obediente a sua mãe, que era uma pessoa com gênio forte e difícil, cumpria todas as obrigações a ela confiadas, mas, sempre que podia, ficava em silêncio rezando. Seu lado místico e sua ascese espiritual afloravam a cada dia, em todo momento de sua vida. Começou a jejuar escondida porque isso era um segredo seu com Deus.

AS REFLEXÕES DE UMA JOVEM

Sozinha, cuidando de suas roseiras, Rosa se dividia em vários pensamentos, preocupando-se com a conversa de seu irmão Fernando a respeito de que seu destino era um casamento. De fato, isso era comum em Lima. Jovens espanhóis, filhos de famílias abastadas, tornavam-se bons partidos para as moças que sonhavam com um excelente casamento. Riquezas, status e segurança eram tudo o que os pais sonhavam para suas filhas. Era isso que os pais de Rosa também almejavam para ela. Mas não era isso que Rosa queria para si. Tinha um segredo guardado em seu coração. Ainda pequena, quando já tinha conhecimento e consciência das coisas, consagrou-se inteiramente a Deus. Não iria se casar com nenhum homem deste mundo, já estava comprometida, seu coração pertencia inteiramente ao Menino Jesus.

Enquanto caminhava para lá e para cá com seu pequeno regador, Rosa refletia e meditava sobre sua vida. No momento em que se sentou em um banquinho de pedra, para descansar, observou uma bela borboleta alvinegra pousar sobre uma linda rosa aberta. Então ela pensou na cor da roupa dos frades dominicanos, que era branca e negra, e que, se fosse homem, seria um frade dominicano. Também cogitou: quem sabe um dia eu possa usar um vestido preto e uma blusa branca. Tinha uma grande admiração por Santa Catarina de Sena, a jovem italiana que balançou as estruturas da Igreja em sua época como mística, pregadora e embaixadora do Papa. Santa Catarina de Sena nunca foi freira de convento, era uma leiga, uma religiosa no mundo. Trabalhou pela Igreja sem deixar de morar e conviver com sua família.

A missão foi para sempre um foco na mente de Rosa. Ela traçou um novo paradigma em sua vida. Casar-se jamais! Freira de convento também estava fora de seus planos. Não que ela não admirasse a vida no convento, via nisso um lindo caminho de santidade, mas queria trabalhar pelo Reino de Deus no mundo, servindo a Deus na linha de frente, no combate. Tinha forte atração pelo ideal de São Domingos de Gusmão e, para ela ser dominicana, era tornar-se uma missionária. Isso faria dela uma legítima e autêntica filha de São Domingos: trabalhar na seara de Deus sem precisar abandonar seus familiares, porque sabia que dela também dependia a subsistência de seus pais e seus irmãos.

UM OLHAR SOBRE A CIDADE DE LIMA

Certa manhã, dona Maria Quinhones chegou à casa de Rosa para convidá-la a ir consigo aos seminários levar alimentos.

Enquanto a carruagem de dona Maria Quinhones seguia pelas vielas estreitas da cidade, Rosa ia observando as pessoas que ia encontrando pelo caminho: aleijados, mendigos, crianças esfarrapadas, índios e afrodescendentes esmolando; gente doente se arrastando pelos becos e pelas ruas. Tudo aquilo mexia com seu coração, e ela se compadecia com os infortúnios de seu povo. Dona Maria, notando certa tristeza no olhar de sua amiga, perguntou:

– De repente ficou calada, Rosinha. No que está pensando?

– Nessa gente marginalizada, que sofre sem esperança. Se eu fosse homem, já estaria lá no convento de São Domingos para ser padre e poder ajudar essa gente. Há poucos padres em Lima para realizar esse trabalho.

– Tem razão, Rosa! Comentou dona Maria.

– Sabendo que existem tantas ordens religiosas em Lima, vejo que você mencionou justamente a Ordem Dominicana. Tem alguma predileção para isso?

– Sim, dona Maria. Tenho minhas predileções. Primeiro por causa de São Domingos de Gusmão, que é o fundador da Ordem dos Pregadores, que todos chamam de dominicanos. Ele foi incrível! No momento em que a Igreja passava por uma crise por ter se afastado muito de seu caminho primitivo, São Domingos reativou a pregação itinerante, que antes era feita pelos apóstolos de Jesus Cristo. Mas, antes de propor isso aos outros, viveu essa experiência de pregador do Evangelho durante dez anos, caminhando sozinho, a pé pela Europa toda, pregando. Só depois então ele foi pedir ao Papa a autorização para fundar a Ordem dos Pregadores.

– Rosa, como sabe tudo isso?

– Lendo, dona Maria. Gosto muito de ler. Em casa tenho bons livros. E tem mais: São Domingos sempre se colocou como filho da Virgem Maria e procurou servir a Jesus e à Igreja sob sua orientação. Nossa Senhora se manifestou a ele muitas vezes, inclusive entregando-lhe o Rosário como forma de converter as pessoas. Também lhe mostrou um sinal por meio de um globo de fogo, que caía do céu sobre a capelinha, de um lugar chamado Prouille, na França, a ela dedicada; ali ele deveria começar sua Ordem.

– Rosinha, que lindo! Não sabia nada disso. Fale mais de São Domingos.

– São Domingos fundou a Ordem dos Pregadores para que o Evangelho nunca mais deixasse de ser anunciado por meio das missões itinerantes. O carisma de sua Ordem é a pregação. Ele foi o primeiro a fundar uma ordem religiosa missionária no coração da Igreja. Por isso todo dominicano é missionário em sua essência e deve pregar a Boa-Nova de Jesus Cristo. A função de um dominicano é ser pregador. Todos os filhos de São Domingos estão comprometidos com a pregação do Evangelho, em pregar com a palavra e com o próprio testemunho de vida. Não se é dominicano se não for missionário e pregador.

– Que aula me deu, menina! E as cores do hábito do dominicano têm um significado específico?

– Sim! A capa negra significa a penitência que o religioso deve fazer por sua santificação e pela do próximo. A cor branca é a pureza que um dominicano autêntico deve ter. Deve ser como um anjo, casto e ilibado, como foi São Domingos, que, na hora da morte, confessou aos frades que sua veste batismal estava intacta, branca e pura e que fora sempre virgem. Os filhos autênticos devem imitar fielmente o pai fundador.

Mas disse ter mais uma predileção. Qual é?

– Santa Catarina de Sena! Como a admiro e a tenho como minha mãe, sinto-me sua filha! Ela é incrível! Não foi freira de convento, mas viveu intensamente sua vida no mundo e nele vivenciou todas as experiências da vida religiosa. Foi missionária de vida ativa e, ao mesmo tempo, contemplativa. Escreveu um livro de espiritualidade: "O Diálogo".

Trabalhou imensamente pela Igreja sendo embaixadora do Papa em questões políticas e religiosas. Teve dele a autorização para subir ao púlpito e pregar enquanto os frades dominicanos confessavam os convertidos por ela.

A VISITA DO DOUTOR JOÃO

Doutor João mais que o médico da família Flores era um amigo. Conhecia Rosa desde pequenina e tinha por ela um carinho paternal. No dia em que foi fazer uma visita aos amigos, levou para Rosinha um presente dentro de um grande pacote. Antes de chegar à residência, passou pelo jardim e lá estava a menina dos cabelos dourados envolvida com suas roseiras, cuidando de uma e de outra. As rosas eram suas flores preferidas. Doutor João como sempre se encantou com a vivacidade daquela menina tão apegada à natureza, às flores e aos animais.

– Sabia que a encontraria aqui, por isso passei para lhe entregar este presente.

– Um presente para mim? Que surpresa!

Doutor João entregou-lhe o pacote, e, quando ela o abriu, viu que era uma roseirinha ainda em crescimento dentro de um pequeno vaso.

– São rosas brancas, doutor João?

– Sim! Ao menos me venderam por rosas brancas.

– Que bênção! Tenho rosas de quase todas as cores menos a branca; queria demais ter uma aqui em meu jardim. O senhor sabe que cultivo e vendo flores para ajudar meus pais nas despesas da casa. Sempre me pedem rosas brancas, e eu não as tenho.

– Agora você a tem. Zelosa como é com suas flores, logo vai produzir muitas rosas brancas.

– Sim! E isso me encanta. Serão lindas!

FILHA OBEDIENTE

A família de Rosa, sendo grande, precisava de muito jogo de cintura para se manter sem passar por sérias privações. Rosa ocupava parte de seu tempo no cultivo de flores, hortaliças, frutas, plantas aromáticas para temperos culinários. De tudo o que conseguia vender, chegando a casa, entregava o dinheiro nas mãos da mãe. Não era lá muita coisa, mas ajudava nas despesas menores.

Não era só esse o trabalho de Rosa. Prendada como era nos ofícios do lar, também se entregava à produção de bolos, biscoitos, aos bordados que as mulheres da sociedade limenha encomendavam a sua mãe. E eram muitas as horas que ali passava bordando.

Contam-nos os biógrafos de Rosa que sua mãe tinha gênio muito forte e explosivo, às vezes até excessivo. Certa vez, ela ordenou-lhe que fizesse vários bordados que tinham sido encomendados, explicou como queria, e Rosa colocou mãos à obra. Quando terminou o trabalho, Rosa particularmente não gostou, porque achou que as flores que bordou não estavam bonitas. Mostrou a sua mãe que, na mesma hora, enfureceu-se com aquele resultado e começou a esbravejar:

– Tempo perdido, material jogado fora. Por que fizeste isso?

Humildemente, Rosa respondeu:

– Mamãe, eu fiz exatamente o que a senhora mandou.

Dona Maria Oliva calou-se e viu que o erro era seu.

Desde criança foi muito obediente a seus pais e não foi menos quando se tornou adulta. Nunca respondeu a eles. Cristã e obediente a Deus, respeitava seus pais terrenos conforme o quarto mandamento: "Honra teu pai e tua mãe".

COMUNICA-SE COM A NATUREZA

Rosa foi criada no meio de todos os elementos da natureza: árvores frutíferas, flores e animais, principalmente os pássaros e as borboletas coloridas que visitavam seu precioso jardim.

Houve, certa vez, um fato muito interessante na casa da família Flores. Dona Maria Oliva tinha, entre seus animais domésticos, um galinheiro. Nele, um frango muito bonito se destacou. Dona Maria Oliva desejou fazer dele um galo forte, bem alimentado para a procriação. E assim o fez. Alimentou o frango com tanto cuidado que ele ficou enorme, bem gordo, a ponto de ter dificuldades para caminhar e para cantar.

Dona Maria ficou decepcionada vendo que seu empreendimento não deu certo. Então tomou uma decisão: matar a ave e transformá-la em um galo assado para a refeição, já que nem a função de cantar realizava; aliás, nunca cantou e quase nem conseguia andar. Rosa entristeceu-se ao saber que o animalzinho seria sacrificado para virar refeição. Então, certo dia, alguém sorrateiramente a acompanhou, sem que percebesse, viu-a se dirigir para o galinheiro, pegar o galo nas mãos e com ele conversar.

– Meu amiguinho, existe um plano para o matar. Então cante, por favor, e sua vida será salva.

Com certeza, para quem estava observando essa cena deve ter se segurado para não rir, duvidando de que o animal pudesse atender tão insistente pedido. Rosa insistiu mais uma vez:

– Cante, galinho! Cante, por favor!

E o galo, olhando para Rosa, cantou, bateu as asas e saiu caminhando pelo terreiro sem as dificuldades que antes tinha. Nunca mais parou de cantar e, dessa forma, foi salvo. O olheiro que testemunhou a cena ficou perplexo e não teve dúvidas dos lapsos de santidade de Rosa.

Os santos são assim: ficam tão imbuídos da graça de Deus que conseguem até se comunicar facilmente com a natureza.

SEUS MESTRES DE ESPIRITUALIDADE

Os dominicanos muito contribuíram em sua formação, mas a santidade é um mistério entre Deus e a pessoa, o qual é incompreensível a nossa razão humana. Rosa, desde pequena, já tinha traçado seu caminho e toda a sua vida, e seus feitos e suas atitudes a convergiam para a santidade. Era uma pessoa madura demais para sua idade. Falava coisas com segurança e conhecimento, o que deixava muitas pessoas perplexas.

Em suas idas às missas, teve a grata alegria de conhecer frei Martinho de Porres, um jovem religioso dominicano, cujo pai, dom João de Porres, de origem espanhola, era Governador do Panamá e cuja mãe, dona Teresa Velasquez, era uma mulata peruana, descendente de povos oriundos da África. Apesar de ser filho de um homem da nobreza e de ocupar um cargo tão alto perante o rei da Espanha, frei Martinho, aos 15 anos, desejou ser frade e viver uma vida simples e humilde, como varredor do convento, mesmo a contragosto de seu pai.

Em frei Martinho, Rosa encontrou mais que apoio, encontrou também um amigo, um irmão e confidente, com que podia dividir seus planos e suas ideias de servir a Deus no mundo por meio dos pobres, doentes e injustiçados, porque assim também ele pensava. Ele era um frade que morava no convento, e Rosa, ao contrário, era uma leiga secular, que buscava seguir os passos de Santa Catarina de Sena, sua santa de tanta devoção. Apesar da disposição em socorrer os necessitados e a disponibilidade de auxiliá-los, frei Martinho tinha limitações por ser um religioso, que morava no convento e tinha regras para seguir e obedecer. Mesmo assim, ele realizou um enorme trabalho social na cidade de Lima entre os pobres e desvalidos. Santa Rosa, ao contrário, vivia conventualmente no mundo, socorrendo as pessoas, sem ter um limite de tempo e horas. Elementos tão preciosos à vida conventual.

Os mistérios de Deus são insondáveis. No futuro, Rosa se tornou a primeira mulher do continente americano a ser declarada santa e frei Martinho, o primeiro santo; ambos dominicanos.

APARECE UM PRETENDENTE

A sociedade convencionou que toda mulher e todo homem nasceram para casarem e terem filhos. Esse era o caminho que todos deveriam seguir. Sair fora desse esquema era estar se marginalizando. Isso fez muito mal para quem não tinha opinião própria, porque fez com que a pessoa ficasse se sentindo enjeitada por não ter se casado. Ter de satisfazer a opinião dos outros é um problema sério e nada coerente. Nem todo mundo nasceu para casar, e ninguém é obrigado a casar por causa da opinião alheia. Naquele famoso bate-papo sobre o divórcio, Jesus Cristo disse que havia os eunucos nascidos do ventre da mãe, os eunucos feitos pela maldade dos homens, mas havia também aqueles que se fizeram eunucos por amor do Reino de Deus. Jesus foi enfático e não entrou em detalhes para explicar ou falar a respeito dessa opção de vida, apenas disse: "Quem puder entender que entenda" (Mt 19,3-12).

Os apóstolos São João e São Paulo eram solteiros assim como muitas outras pessoas que seguiram Jesus.

A sociedade em que Rosa vivia era totalmente desentendida desse tipo de assunto, machista e exigente demais com as mulheres. Toda donzela, ainda na adolescência, deveria torcer para aparecer um pretendente para se casar com ela, caso contrário deveria se enclausurar de vez dentro do mosteiro. Essa era a regra imposta pela sociedade, e todos deveriam lhe obedecer. Rosa, no entanto, revolucionou a América toda com sua decisão de não se casar e não ser monja de clausura. Queria ser uma mulher totalmente livre da opinião alheia e dona de suas próprias decisões, para se consagrar inteiramente a Deus, estar a serviço da Igreja, no mundo dos que eram excluídos e considerados o resto da sociedade, isto é, que esta excluiu de seu convívio. Ela queria ser para eles a irmã, a amiga e a mãe espiritual e exercer a maternidade espiritual sendo a mãe de muitos, até daqueles que tinham mais idade do que ela. E a todos queria acolher com carinho e proteção.

Sua beleza era rara, impressionante e chamava atenção. Por isso apareceu um pretendente, descendente de nobres, muito bem-apessoado e muito rico, interessado em desposá-la. Qualquer garota daquela época ficaria saltitando de alegria por tamanho achado. Dona Maria Oliva e dom Gaspar Flores ficaram felizes, pois, além de encaminharem a filha para um feliz matrimônio, o genro passaria a ajudá-los financeiramente a terem mais conforto na vida.

Quando dona Maria Oliva foi ter com a filha sobre o rico pretendente e que haviam acertado tudo com ele, Rosa entrou em certo desespero.

– Senhora, minha mãe, sempre lhe fui obediente, procurando ser uma boa filha, mas não pode me obrigar a isso. Sou uma consagrada a Deus e só a Ele eu pertenço.

– Morro de vergonha se você não se casar. Já tem vinte anos e está passando da hora de se comprometer em matrimônio.

Já havia comentários pejorativos entre aqueles indivíduos venenosos que sentem prazer em falar mal de alguém e de o denegrir. Surgiam conversas de que Rosa era esquisita, porque só vivia rezando e ajudando as pessoas doentes e necessitadas.

Dom Gaspar ficou estarrecido ao saber que sua filha se consagrou a Deus quando tinha cinco anos de idade. Se fez essa promessa, então não poderia mesmo se casar.

– Isso é um absurdo! Nenhuma criança com cinco anos de idade entende essas coisas de fé e de religião. Como pode fazer isso?

Dona Maria respondeu:

– A verdade, Gaspar, é que Rosa, desde pequenina, já vivia em silêncio, rezando o Rosário. De forma misteriosa, aprendeu a ler e escrever sozinha. Quando perguntada sobre quem lhe havia alfabetizado, sempre afirmou que foi o Menino Jesus quem lhe ensinou. Frequentemente, vê seu Anjo da

Guarda próximo dela e diz desfrutar da presença da Virgem Maria enquanto cuida de suas roseiras em seu jardim.

Por esse tempo, Rosa já se mantinha totalmente ocupada em cuidar dos doentes, dos índios, dos escravos e das crianças abandonadas. Seus pais tinham até cedido um cômodo da casa para que socorresse esse povo que a procurava.

Dom Gaspar e dona Maria, a princípio, ficaram furiosos com a recusa da filha por não aceitar o pedido de casamento. Mas Rosa sempre fora diferente dos demais filhos, desde pequena. Tinha o comportamento de alguém que sofria inconformada com as injustiças do mundo. Como seus pais haveriam de magoar ou forçar algo a uma filha querida, tão amada e obediente?

UM BAILE INESQUECÍVEL

Com o aparecimento do tal pretendente, aguçou ainda mais o desejo de sua mãe de vê-la casada. Esperava que, depois de um bom tempo, havia pensado melhor e mudado de opinião quanto ao matrimônio. Dom Gaspar entendia, apoiava e até defendia a filha caçula, às vezes até contrariando as opiniões da esposa. Dona Maria Oliva, que tinha um gênio forte e muito autoritário, contestava quando lhe falavam que Rosa tinha vocação para ser freira:

– Só se for por cima do meu cadáver. Minha filha vai se casar em breve com um excelente pretendente.

Dom Gaspar evitava discutir com a esposa, pois sabia que sua filha já tinha sua rota de vida traçada e que sempre estaria pronto para apoiá-la.

Nesse tempo, foi programado um grande baile na cidade onde estaria representada a alta sociedade limenha. Os rapazes e as moças, filhos dos ricos senhores, donos das minas de ouro e de prata, estariam ali desfilando pelo salão. Dona Maria Oliva viu nisso uma excelente oportunidade para que Rosa, com toda a beleza que lhe era peculiar, se acertasse com o tal pretendente que a levaria ao matrimônio. Apesar da recusa de Rosa, sua mãe não parava de falar que ela iria ao baile de qualquer jeito. Tanto foram as insistências e ameaças que Rosa, para não se indispor com a mãe, decidiu ir, mas exigiu que Fernando a acompanhasse. Assim foi feito.

Para o dia do baile, dona Maria, que era costureira afamada na cidade, fez o vestido mais bonito para a filha. Sobre sua cabeça foi colocada uma mantilha, adereço muito comum na época. Ficou tão lindo que seu irmão Fernando não economizou elogios:

– Minha irmã, você está parecendo uma princesa! Vai ser a moça mais linda do baile!

Mas esses tipos de elogios mundanos, que a outras mulheres faria tanto bem, a ponto de se derreterem de contentamento, fazia com que Rosa se sentisse mal.

E lá se foram os dois irmãos para o grande baile.

Logo que lá chegaram, Rosa se familiarizou, pois encontrou pessoas conhecidas com as quais realizava trabalhos sociais; portanto foi bem recebida.

Um rapaz, ao vê-la, ficou encantado com sua beleza, assim como os outros que também estavam a admirá-la. Por sua exigência, Fernando não saiu de perto dela.

Cumprindo todo o ritual dos bailes entre nobres, foi anunciado que o baile iria começar e pedido que os pares se colocassem no meio do salão. O rapaz, que não se cansava de admirar a beleza de Rosa, convidou-a para ser sua parceira na dança. Sabendo que não ficaria bem recusar o pedido, aceitou.

O maestro, com a batuta na mão, deu sinal, e a música começou. Rosa, como toda moça, dançava com seu par, como nos grandes bailes das cortes europeias. Parecia que tudo ia bem até que, de repente, ela caiu no chão, totalmente desfalecida. Um médico ali presente socorreu-a rapidamente. Quando tirou sua mantilha, para que pudesse receber ar, para melhor respirar, uma surpresa: um aro de ferro com pontas circundava sua cabeça debaixo da mantilha. Ela estava ali, mas sem deixar de fazer penitência e em total jejum. Aquilo foi um escândalo! A filha de Gaspar Flores foi o assunto da noite e por muitos dias. Dona Maria Oliva não se continha de raiva, porque seu plano não dera certo.

– Você quer nos matar de vergonha?

Rosa permaneceu calada e cabisbaixa, como uma filha que jamais responderia a sua mãe, apesar das grosserias, tampouco tentaria usar qualquer tipo de argumento para se justificar. Aquele baile foi inesquecível e entrou para sempre na história de Santa Rosa de Lima.

A EUCARISTIA EM SUA VIDA

Nos tempos passados, a Igreja permitia a sagrada comunhão somente aos adultos por estarem maduros na fé e em suas convicções religiosas.

Rosa, no entanto, ainda bem menina, recebeu permissão de comungar, porque os sacerdotes que a conheciam não tinham a mínima dúvida de que ela se encontrava apta para participar da Eucaristia.

Com o passar do tempo, deram a ela a autorização para comungar com mais frequência.

As comunhões de Rosa se diferenciavam dos demais participantes, porque estes faziam isso de forma comum, como um rito corriqueiro e sem sentimento ou expressão. Rosa, ao contrário, desde pequena, quando comungava, fugia às atenções do mundo a seu redor e ficava totalmente compenetrada que até sua fisionomia mudava em alegria e felicidade. O encontro com Cristo na Eucaristia provocava um êxtase místico em sua alma. Sua expressão era de um aspecto de imenso amor e adoração por Jesus.

Vários sacerdotes deram testemunhos para seu processo de canonização, e Frei João de Lorenzana fez o seguinte depoimento:

"Ao lhe dar, pela primeira vez, a sagrada hóstia, impressionado, pensei: esta menina, quem quer que seja, parece-me ter de reconhecer que se aproxima muito de Deus. Oxalá eu tivesse o privilégio de conhecer o estado feliz desta alma tão ilustrada e tão abrasada no amor divino".

Esse desejo se realizou, pois, mais tarde, ele acabou se tornando o confessor e diretor espiritual de Rosa.

Seu amor à Eucaristia não era manifestado apenas nos momentos de oração e adoração. Quando estava diante do Santíssimo Sacramento, exposto no ostensório sobre o altar, ela se alegrava com a presença real de Cristo e entrava em êxtase de tanta felicidade. Ficava estática e absorta que lhe sumia a noção do tempo; só voltava ao normal se lhe chamassem para outro compromisso, tocando a mão em seu ombro. Rosa foi uma profunda adoradora eucarística. Para ela a Eucaristia era a escada que conduz ao Paraíso. Passando diante do sacrário, não deixava de prestar uma reverência à Sagrada Eucaristia com uma genuflexão. Se passasse pela rua diante de uma igreja, persignava-se como uma saudação a Jesus sacramentado dentro do santo tabernáculo. A Eucaristia era o centro de sua vida. E foi na Eucaristia que ela buscou todos os elementos para trilhar o caminho da santidade, revigorando-se na vida contemplativa para agir na vida ativa.

Ficava profundamente edificada e feliz quando a convidavam para ajudar a enfeitar o altar do Santíssimo Sacramento para adoração ou quando era na Quinta-feira Santa. Como era artista e hábil em seus artesanatos, nessa hora, fazia valer toda a sua arte para honrar o Divino Mestre.

Segunda Parte

Vocação para a santidade

SUGESTÃO PARA IR AO MOSTEIRO

Naquele tempo começaram a ser fundados vários mosteiros na cidade de Lima. A vida monástica se mostrava em alta, e a perfeição da vida claustral era abraçada por muitas mulheres da sociedade limenha. Mas as Monjas Dominicanas ainda não haviam chegado ao Peru. Provenientes da Espanha, chegariam muitos anos depois conforme uma profecia de Rosa.

Com todo aquele fervor da vida monástica, os próprios confessores de Rosa a aconselharam a entrar em um dos mosteiros. Mesmo sendo tão obediente a seus diretores espirituais, ela conseguiu convencê-los de que sua missão era no mundo e não atrás dos muros de um mosteiro. Por admirar tanto a vida e a missão realizada por Santa Catarina de Sena, Rosa via na santa de sua devoção um modelo vocacional.

Quando Rosa tinha apenas 19 anos, por iniciativa e zelo espiritual do arcebispo Dom Turíbio de Mongrovejo, fundou-se em Lima o *Convento de Santa Clara* das Monjas Clarissas. Um gentil cavalheiro muito católico, Francisco de Saldanha, financiou toda a construção. Era muito amigo dos pais de Rosa e, como a conhecia bem em sua caminhada religiosa, convidou-a para entrar no mosteiro prometendo dar-lhe de presente o dote exigido para seu ingresso na vida monástica. Rosa levou isso ao conhecimento de sua mãe e de seu confessor e diretor espiritual frei Luiz de Bilbao, que lhe aconselhou que aceitasse. Obediente, dessa vez, ficou mexida com o conselho de seu diretor. Mas, para não errar em sua decisão, colocou a causa nas mãos de quatro religiosos doutores em Teologia e muito coerentes em decisões sérias. Como nenhum deles era a favor de sua entrada no mosteiro, Rosa refletiu muito e viu nessa opinião dos quatro religiosos mais um sinal de Deus, que, pelo visto, tinha para ela uma missão diferente, não no claustro de um mosteiro, mas no mundo. Ela, que sempre pensou que, se fosse homem, seria sacerdote dominicano para se embrenhar nas missões, sentiu que Deus estava preparando algo para ela. Não para ir à África, à China ou ao Japão ou ficar entre os índios da cordilheira dos Andes ou na floresta Amazônica, mas para ser missionária ali mesmo, nas ruas e nos guetos de Lima. Sua cidade natal era um fértil campo de missão quanto as terras longínquas que, tantas vezes, foram por ela mencionadas e sonhadas.

NOSSA SENHORA DO ROSÁRIO LHE DÁ UM SINAL

Algumas pessoas tinham dificuldade de entender a vocação de Rosa e fizeram novas investidas para vê-la transformada em monja no silêncio do claustro. Para ela, que amava sua guitarra e dissera que não conseguiria viver sem a música e que tinha objetivos missionários em sua vida, tornar-se monja era contrário a seus projetos de vida. Os convites não cessavam, e ela educadamente sempre se esquivava.

Dona Maria Quinhones tinha grande apreço por Rosa e, sentindo-se atraída para a vida religiosa entre as *Monjas Clarissas*, convidou-a, com muita insistência, para que entrasse com ela; seriam companheiras, já que se conheciam. Rosa não se deixou seduzir pelo insistente pedido, sendo salva por um clamor de sua avó enferma e reumática, que era muito apegada a ela e muito dependia dela. Implorou, quase que chorando, que Rosa não a abandonasse. A ausência da neta tão querida seria para ela antecipar seu fim. Carinhosa, abraçou a avó dizendo-lhe que ficasse tranquila porque jamais a deixaria. Na verdade, Rosa viu nesse episódio mais um sinal de Deus de que sua vida era ali no convívio com sua família.

Passado um bom tempo, surgiu novamente os insistentes convites, dessa vez para o convento da Encarnação. Rosa questionou-se novamente. Sua avó, agora de forma mais calma, acabou aceitando e até incentivando a neta a entrar para a vida religiosa no convento. Decidiu dar esse passo na vida, mas Deus a deteve antes que fizesse tal empreitada.

Fernando, como se sabe, era o seu irmão querido e com quem podia sempre contar. Pediu a ele que a acompanhasse até o mosteiro onde ficaria de forma definitiva. Porém, para evitar um desconforto da despedida em casa, só depois que lá estivesse é que Fernando deveria dar a notícia aos pais. Enquanto seguiam, passaram em frente ao Convento de São Domingos, e Rosa quis entrar na igreja para pedir à Virgem Maria a bênção de despedida. Ajoelhou-se diante da imagem de Nossa Senhora do Rosário para uma breve oração e ali permaneceu estática. Foram passando o tempo e a hora em que deveriam estar no mosteiro. Fernando, preocupado, foi falar com a irmã, que permanecia firme e imóvel no lugar, sem poder se mover. Ele tentou ajudá-la, mas era como se ela tivesse se transformado em uma pesada estátua de bronze. Não conseguiu movê-la de jeito nenhum. Parecia estar colada no chão. Então Rosa pediu a intervenção divina, clamando a Deus que, se aquela decisão não fosse sua vontade, lhe voltassem as forças para ela voltar para casa. Olhando para a imagem de Nossa Senhora do Rosário, prometeu nada mais fazer que não fosse de seu agrado. No mesmo momento, seu corpo voltou ao normal, e ela pôde soltar-se dali e voltar para casa andando como se nada tivesse acontecido. Esse foi o grande sinal em sua vida e a decisão final. Deus a queria no mundo trabalhando pela Igreja e por seu Reino por meio do povo sofrido e desamparado.

VIDA RECLUSA NA PEQUENA ERMIDA

A família Flores era grande, e todos, ao fazerem grande alarido dentro da casa, tiravam um pouco o desejo de Rosa de estar só para rezar. Então, ela teve uma ideia de construir uma pequena ermida no fundo do quintal, onde pudesse ficar reclusa em silêncio para rezar. Expôs seu projeto ao irmão Fernando, que logo abraçou a causa. Como em Lima as chuvas são escassas, a obra foi rápida. Começaram a fazer um buraco, onde com a terra fofa, umedecida com água, transformava-se em barro. Os dois irmãos amassaram com os pés aquela pasta de terra até ficar no ponto de argila. Fizeram uma forma de madeira retangular, no tamanho de um tijolo, e, dentro dela, encheram de barro e levaram para cozer ao sol durante vários dias. Esse tipo de tijolo é chamado de *adobe*, com ele se faz casas, que ficam firmes e resistentes por muitos anos. Sendo a terra de um bom *saibro*, o tijolo fica muito bom para ser assentado. E foi assim que os irmãos *oleiros*, com toda paciência e dedicação, fizeram todos os tijolos necessários para construção do pequenino eremitério de Rosa. Essa construção está preservada até os dias de hoje de forma intacta dentro de paredes de vidro. Dá para ver que os blocos de barro eram grandes e muito bem assentados e nivelados. Conforme o pedido de Rosa, seu *mosteirinho* foi feito bem pequeno para que coubesse somente ela e para que não fosse incomodada em suas horas de orações.

Dentro dessa minúscula ermida, aconteceram coisas maravilhosas. Por inúmeras vezes, Rosa foi agraciada e surpreendida com a visita do Menino Jesus em seus momentos de profundo recolhimento e profunda oração. Quando Ele chegava e ela estava com uma coroa de ferro na cabeça para fazer penitência, ele a retirava e colocava uma de rosas no lugar. Por isso vemos em suas imagens uma coroa de rosas sobre sua cabeça. Foram muitas as experiências místicas com o Cristo Menino, a quem ela devotava profundo amor, desde quando era bem pequenina, em seus cinco anos de idade.

As visitas do Menino Jesus eram constantes em sua pequenina ermida, e há muitos relatos dessas visitas. Pelo visto, ele ficava tempo com ela, pois, em algumas de suas imagens, vemos o Santo Menino dormindo em seu ombro ou em seus braços. Essa devoção ao Menino Jesus foi para Rosa de profundo carinho, adoração e amor pelo Santíssimo Redentor em sua sagrada infância.

Quantas bênçãos foram derramadas por Deus dentro daquela pequena ermida de adobe, quantos pedidos de cura Rosa fez em favor de tanta gente sofrida e quantas graças alcançadas para agradecer!

Se Rosa tinha uma vida *ativa* entre tantos afazeres, tinha também sua vida *contemplativa* no silêncio monástico de seu minúsculo mosteiro. Nisso foi uma grande imitadora de seu pai fundador, São Domingos de Gusmão, que, ao mesmo tempo em que foi profundamente contemplativo, foi também um incansável missionário ativo.

Se na vida ativa realizava toda a sua obra social e missionária, nos momentos de silêncio e recolhimento, em seu "mosteirinho", vivia os prenúncios do Paraíso, ouvindo a voz de Deus por meio da oração.

Ermida de Santa Rosa, construída por Santa Rosa e seu irmão Fernando

SE FOSSE HOMEM, SERIA SACERDOTE

O ministério sacerdotal era algo que Rosa prezava como o mais sublime no coração da Igreja. Para ela, mais que pregador, o padre era o homem santo, cujas mãos ungidas tinham o poder de, na hora da missa, trazer lá do céu Jesus Cristo, vivo na Eucaristia, para ser o alimento de vida e santidade do povo humano e pecador. Por isso, em suas orações diárias, os sacerdotes do mundo inteiro tinham sua total atenção. Rezava muitos Rosários por todos eles e pelo êxito de seu ministério sacerdotal. Pedia que o Espírito Santo desse a eles o dom da palavra para que, como sacerdotes, pregassem o Evangelho e convertessem multidões, para abraçarem a causa do Reino de Deus, e dessem ao povo o pão da Palavra e o pão eucarístico.

As missões de fronteira sempre foram deixadas para os sacerdotes e irmãos leigos realizarem, por isso é que vamos encontrar Rosa sempre falando que, se fosse homem, seria sacerdote.

Essa afirmação sobre a grandeza do sacerdócio católico fez com que Rosa, certa vez, tivesse uma brilhante ideia. Entre tantos órfãos que socorria, poderia escolher um menino, adotá-lo, como um filho adotivo e espiritual, e, dessa forma, ajudá-lo em sua subsistência, pagar seus estudos e, depois, encaminhá-lo para ser padre. Se ela, pelo fato de ser mulher não podia, ajudaria então um menino pobre a ser sacerdote. E teria conseguido realizar isso se não tivesse falecido tão jovem.

DEUS MOSTRA A ROSA QUAL É SUA MISSÃO

Da mesma forma que Santa Catarina de Sena, sua santa de devoção, teve Rosa também um grupo de pessoas a seu redor que a tinham como mãe e mestra, apesar de ser ainda tão jovem. Na maioria, eram moças que buscavam, por meio de seus sábios conselhos, um discernimento vocacional. Depois da morte de Rosa, o mosteiro das Monjas Dominicanas foi fundado em Lima, e muitas das moças que a seguiam entraram para o convento e se tornaram monjas.

Rosa foi agraciada por Deus com muitas experiências místicas, visões, muitos sonhos proféticos e muitas revelações, as quais ela contava a seu confessor e diretor espiritual, frei Luiz Bilbao, sem se sentir digna de tais privilégios.

Certo dia, enquanto passeava por seu quintal, tendo nas mãos um ramalhete de flores, feliz cantarolava uma oração quando sentiu enorme desejo de jogar aquele buquê de flores para o alto. Jogadas para cima, formaram uma cruz, e Rosa, em seu coração, entendeu o significado daquele sinal. As flores naquela posição seriam as monjas dominicanas que caminhariam com ela até a cruz de Cristo.

Houve um fato mais interessante ainda relatado por seu confessor e diretor espiritual. Em uma noite, Rosa teve um sonho, em que se viu no meio de muitas rosas espalhadas desordenadamente pelo chão. Jesus Cristo apareceu e lhe disse:

– Rosa de Santa Maria, minha fiel esposa, recolha todas essas rosas e com ela faça uma coroa para mim.

Ela recolheu todas as rosas e, com suas mãos habilidosas, fez uma linda coroa e colocou-a na cabeça de Cristo. Nesse instante, a visão se desfez.

– Mas é apenas um sonho!, disse-lhe o sacerdote.

– Eu me sinto indigna desses sonhos, mas vejo neles uma revelação.

– O que você acha que Deus quer dizer-lhe por meio desse sonho?, perguntou o padre.

– Frei Luiz, esse sonho está mais do que claro. Aqui na cidade de Lima existem muitas outras jovens que, como eu, não foram feitas para o casamento e querem viver sua vocação religiosa no mundo, fazendo missão entre os pobres de nossa cidade. Jesus quer que eu as conduza para viverem as regras de Santa Catarina de Sena como membros do laicato da Ordem Terceira Dominicana. A revelação desse sonho é que eu devo conduzi-las para esse caminho.

TORNA-SE DOMINICANA

Rosa, após muito rezar e unindo a isso os sinais do céu, decidiu definitivamente tornar-se dominicana legitimando sua condição de filha espiritual de São Domingos de Gusmão.

Embora sua mãe ainda sonhasse que ela mudasse de ideia e abraçasse a vida matrimonial, fazendo um bom casamento com um pretendente rico, esse projeto sempre esteve fora de cogitação. Rosa já tinha escolhido Jesus por esposo. Nada mudaria seus objetivos. Vestiria o hábito dominicano e seria *Irmã Rosa de Santa Maria* para sempre. E foi com grande alegria que, por meio de seu confessor e diretor espiritual, Frei Alonso Velásquez, no dia 10 de agosto de 1606, Rosa tornou-se oficialmente mais uma filha espiritual de São Domingos de Gusmão. Diante do altar da igreja de São Domingos, sob o olhar materno da imagem de Nossa Senhora do Rosário, Irmã Rosa de Santa Maria foi investida com o hábito dominicano por algumas irmãs da Ordem Terceira. De joelhos, diante de seu diretor espiritual, emitiu seu primeiro compromisso no laicato da Ordem dos Pregadores. Fez um *compromisso* e não os *votos* religiosos comuns às freiras e aos irmãos que residem em um convento.

Irmã Rosa lembrou-se desse santo momento pelo resto de sua vida terrena como o mais feliz de todos. Nesse dia, teve alguns propósitos: ser imitadora de Santa Catarina de Sena, seguindo seus exemplos de santidade no mundo secular; honrar São Domingos de Gusmão como pai; jamais cometer qualquer transgressão que maculasse sua vida pessoal e a da Ordem Dominicana; honrar essa Ordem que a acolheu com tanta misericórdia, da qual outros santos fizeram parte antes e nela se santificaram; manter seu hábito branco, sempre alvo como sua veste batismal. Agora ela era dominicana, filha de São Domingos de Gusmão. Nossa Senhora do Rosário era sua mãe e mestra. E Santa Catarina de Sena, seu modelo de vida. Seguiria fielmente os exemplos desta que é considerada a maior filha de São Domingos de Gusmão, porque palmilhou fielmente nas pegadas do santo pai fundador. Irmã Rosa decidiu que, se tivesse Santa Catarina de Sena como guia e mestra, estaria seguindo seguramente os passos de São Domingos, que trilhou cada passo dos Apóstolos de Jesus Cristo. Por isso a Ordem Dominicana foi chamada pelo papa Inocêncio III de "Ordem Apostólica".

Tal qual um anjo da caridade, Irmã Rosa de Santa Maria passou a circular de hábito pelas ruas da cidade de Lima em seus trabalhos pastorais. E, mesmo mostrando no rosto todo brilho da satisfação, houve quem ainda insistia em vê-la dentro dos muros do mosteiro. Dom Gonçalo de La Maza, ainda uma vez mais, procurou-a e insistiu que abraçasse a vida claustral no Mosteiro de Santa Clara, mas Irmã Rosa resistiu. Para não se indispor com um amigo tão atencioso e querido de sua família, relatou o grande sinal recebido de Nossa Senhora, mostrando-lhe que aquele era seu caminho, que assim viveria sua vocação. A vida comunitária nas comunidades religiosas é, sem dúvida, uma dádiva do céu, mas Santa Catarina de Sena e Santa Rosa de Lima nos mostram que também é possível viver um projeto de vida religiosa no mundo e, por meio dele, galgar o caminho da santidade.

Vivendo sempre no meio da natureza, coincidência ou não, Rosa, ao se ver de hábito branco, véu e capa preta, entendeu o que era aquela borboleta de asas alvinegras que a rodeava sempre que se encontrava no jardim colhendo flores. Era um sinal de que ela seria dominicana.

MUITOS A SEGUIRÃO

A pedagogia de Deus é impressionante, perfeita e infalível. Se a vocação humana, como chamado de Deus, define-se pelo *matrimônio*, pelo *sacerdócio* e pela *vida consagrada* dos religiosos de convento, é justamente na *quarta vocação* dos solteiros que Deus também tem muitos propósitos. São Paulo Apóstolo, na primeira carta aos Coríntios, fala-nos sobre esse tema, mostrando que o casamento é santo, que quem casa tem compromissos com sua família e quem fica solteiro pode se ocupar das coisas de Deus (cf. 1Cor 7,25-34), afinal nem todos tem vocação para o matrimônio. A vida celibatária também é uma vocação, um chamado, e Irmã Rosa entrou nesse contexto de abraçar essa *quarta vocação*, respondendo ao chamado de Deus para viver como religiosa, porém no mundo. Essa sempre foi uma preciosidade das ordens religiosas antigas, cujo terceiro ramo secular, além do ramo conventual masculino e feminino, sempre foi destinado para que os simpatizantes do carisma das ordens pudessem viver esse ideal no mundo, no convívio familiar, na comunidade paroquial, no trabalho e no convívio social.

Irmã Rosa, membro da família de São Domingos de Gusmão, era uma dominicana e comungava o ideal da ordem com os frades e as irmãs no mundo todo como única família. Quem a viu tantas vezes com suas vestimentas normais de uma jovem mulher impressionou-se ao vê-la sempre de hábito branco, escapulário, véu negro e o rosário no pescoço, como era o costume. Dizem que o hábito não faz o monge, ledo engano. Se não faz, ajuda a fazê-lo e muito. Uma pessoa de hábito é um sinal de que ainda existe quem acredita em Deus a ponto de expressar externamente o que está dentro de seu coração. Irmã Rosa não queria andar à paisana, mas testemunhar externamente sua opção de vida e seu comprometimento com Deus. Se antes muitos a viam como um anjo, agora mais do que nunca. Faz um enorme bem para as pessoas encontrarem um religioso ou uma religiosa de hábito em seu caminho. Traz sempre um sinal de Deus, de fé e de paz. Quem não quer ser reconhecido talvez tenha algo a esconder, mas quem abraçou essa causa por amor faz questão de testemunhar Deus de todas as formas.

Irmã Rosa é um sinal vivo do amor misericordioso de Deus para com os desvalidos.

Jesus falou que uma cidade sobre um monte não pode ficar escondida (cf. Mt 5,14). O testemunho de vida de Irmã Rosa fez com que muitas mulheres quisessem segui-la abraçando a vida das leigas terciárias dominicanas. Morando com seus familiares, mas diariamente reunidas, distribuíam-se nas tarefas missionárias com os órfãos, os indigentes das ruas, os doentes, os famintos e aqueles que precisavam de uma palavra de força e conforto nos momentos de dor e sofrimento no dia a dia.

O testemunho de vida vale mais do que mil palavras, porque existem muitas palavras bonitas, vazias, bem elaboradas, porém abstratas, não produzem nada nem realizam nada. De teorias bonitas o mundo está cheio; precisamos de coisas concretas. Com Irmã Rosa nada ficava só em palavras, era consciente e determinada em seus labores. Foram muitos os que passaram a segui-la e querendo fazer parte de seus trabalhos de promoção humana. Não só suas irmãs terciárias estavam a seu lado, como também seculares jovens e crianças queriam contar com sua presença, seus conselhos e seu carinho de amor maternal. Foi adotada como mãe por muitos, principalmente pelos órfãos a quem ela dedicava um especial carinho. Foi mãe espiritual de muitos!

Atraídas por seu exemplo e testemunho de vida, seguiram-na muitas moças: Luiza de Santa Maria, filha de João Daza de Oliva e Joana de Valencia; Catarina, Francisca e Felipa Montoya; Catarina e Francisca, que depois se tornaram Monjas Dominicanas; Bartola Lopez e Ana dos Reis, filhas de André Lopez; Maria de Jesus, filha de Simon de Sosa e Maria Flores; Leonor de Vitoria, que, viuvando, tornou-se irmã terceira junto com Maria Antonia, viúva de João Carrillo. Todas professaram com Rosa. Com o passar do tempo, esse número de irmãs terceiras tornou-se muito maior.

O LAICATO DOMINICANO

A Ordem Terceira Dominicana é uma opção para viver o ideal de São Domingos sem com isso deixar de ter suas próprias regras, seu diretório e suas etapas de formação, seu tempo de avaliação e seus compromissos. De forma geral, pertencer a uma Ordem Terceira é uma opção vocacional, um chamado de Deus, assim como foi para Santa Catarina de Sena, Santa Rosa de Lima e outros santos da Ordem Dominicana. Sendo aceita, a pessoa tem um ano de formação com um mestre; nesse caso um sacerdote dominicano. Nesse período, o candidato ou a candidata estudam a *História da Ordem*, a *Vida de São Domingos*, o *ideal*, a *espiritualidade* e o *carisma* da Ordem dos Pregadores. *Ninguém pode amar o que não conhece profundamente.*

A Ordem dos Pregadores, cujo lema é a *Verdade*, que exige uma busca constante da perfeição, prima pelo estudo e pela boa formação. Ela nasceu para combater os erros de fé; por isso se tornar filha ou filho espiritual de São Domingos de Gusmão é tornar-se eterno estudante. O estudo de bons livros nos faz adquirir conhecimentos e consequentemente nos traz sabedoria. Muitos leigos dominicanos estudam até Teologia. Um dominicano, no mínimo, tem de conhecer profundamente a biografia do pai fundador e a história da Ordem da qual está fazendo parte. Precisa ter boa formação para bem exercer excelentes pastorais, principalmente o ministério da catequese, que é o maior depois do sacerdócio.

Terminado o ano de vivência, também conhecido como *noviciado*, a pessoa tem de ter a aprovação de seu formador. Então faz oficialmente seu primeiro compromisso dentro de uma celebração Eucarística. Depois renova por três anos até o compromisso definitivo. Isso está nas Regras do laicato da Ordem dos Pregadores. Ninguém deve entrar para uma Ordem Terceira como se fosse uma *Agremiação de Homens Cristãos* ou uma *Liga de Senhoras Católicas*. Tem de ter vocação, sentir-se chamado por Deus, integrar-se ao carisma da Ordem e, sobretudo, ambicionar a santidade e lutar diariamente para que isso se concretize em sua vida. É algo sério, por ser um projeto de vida que caminha ao lado dos demais ramos da Ordem há mais de oitocentos anos. Ainda tem um programa de ascese espiritual diário, por meio da Liturgia das Horas, oração diária do Rosário, das leituras das Escrituras Sagradas e de bons livros de formação e de exercício em um ministério na comunidade paroquial. Se não for para ter um programa de vida assim, então por que ser dominicano? O dominicano deve viver o carisma da Ordem na íntegra. Caso contrário, seria mais cômodo viver como um leigo comum, mesmo que este precise ter formação e fazer orações diárias, inclusive a do Terço.

O carisma da Ordem dos Pregadores é a pregação da Palavra de Deus. Santa Rosa de Lima viveu isso com imenso respeito e fidelidade. Foi pregadora quando ministrava catequese às crianças e aos adultos, assim como quando instruía as pessoas na fé, com seu testemunho íntegro de vida, por meio das obras sociais que praticava entre os pobres. Ela não falava, fazia. Foi uma dominicana autêntica que seguiu fielmente as pegadas de São Domingos de Gusmão, o santo que distribuiu o pão nas três formas: Pão de trigo aos pobres e necessitados, Pão da Palavra, quando saciava o povo faminto de Deus, e o Pão Eucarístico, que distribuía ao povo na comunhão durante as missas que celebrava. *São Domingos de Gusmão é o santo do pão.*

Santa Rosa de Lima continua sendo modelo para todos aqueles que querem alcançar a perfeição sem o auxílio do claustro de um mosteiro ou de um convento. O que pode ser pândego para alguns é algo muito sério para outros. Uma vida íntegra que não inclui meio-termo.

O SORRISO DA VIRGEM MARIA

Era dia 10 de agosto de 1607, Irmã Rosa tinha então 21 anos de idade. Passou um ano, e ela estava ali na igreja dos dominicanos para renovar seu compromisso como terceira secular dominicana. Estava muito feliz e não tinha dúvidas de seu chamado e sua missão. Era filha de São Domingos de Gusmão e assim desejava viver até o fim de seus dias. No ano de 1610, Rosa estava com vinte quatro anos de idade. Era o Domingo de Ramos, e ela se dirigiu à igreja dos dominicanos para participar da Santa Missa. Antes da celebração, havia uma cerimônia longa, na qual se incluía a bênção dos ramos. Depois da bênção, dois irmãos leigos iam distribuindo os ramos para todas as pessoas presentes. Quando chegou sua vez de receber o ramo, ele acabou. Isso lhe causou imensa tristeza, porque fora esquecida e não poderia participar da procissão dos ramos como os demais. Seria um descuido seu ou o entregador das palmas não a notou? Desapontada, mas humilde, acreditou não ter sido digna de receber o ramo.

No decorrer da celebração, ela direcionou seu olhar para o altar lateral da igreja, onde se encontrava a imagem de Nossa Senhora do Rosário com o Menino Jesus nos braços. Como ela amava aquela imagem! Foi diante dela que recebera da Virgem do Rosário o sinal e a aprovação de sua entrada na Ordem Terceira Dominicana. A Mãe de Deus falara a seu coração que sua missão não estava no mosteiro, mas no mundo.

Fixando seu olhar no rosto da imagem, agradeceu-lhe deixar que ela fosse terciária. E balbuciou: "Já não estou triste por não receber a palma benta, que, com as horas murcham; quero ganhar uma palma no céu". Enquanto contemplava filialmente o rosto da Virgem, essa lhe abriu um sorriso e, na mesma hora, o Menino Jesus nos braços de sua Mãe Santíssima abriu os bracinhos e proferiu estas palavras:

– Rosa do meu coração, seja minha esposa!

Após essa experiência mística, tudo voltou ao normal. Ninguém mais na igreja viu isso, só Rosa, que, tendo o coração transbordante de alegria, só pôde murmurar baixinho:

– É demais para mim! Não sou digna de tanto amor!

UM ANEL DE OURO

Naquele domingo de Ramos, ao chegar a casa, não tinha como esconder tamanha felicidade; todos perceberam, mas foi Fernando que notou tamanha alegria no rosto da irmã:

– Vejo que está jubilosamente feliz! Com certeza algo de muito bom lhe aconteceu.

– Não tenha dúvida disso, meu irmão. Estou mesmo feliz. Tão feliz que quero lhe pedir um santo favor.

Fernando riu satisfatoriamente.

– Sou capaz de apostar que quer que a leve para algum lugar.

– Não! Não é nada disso. Quero que mande fazer um anel para mim.

Fernando ficou perplexo. Sua irmã sempre recusara usar qualquer tipo de joia, pois isso para ela simbolizava vaidade e agora simplesmente do nada vinha lhe pedir um anel.

– Você me pede um anel? Você quer usar uma joia?

– Sim! Um anel, mas não daqueles que são comprados nas lojas. Quero algo modesto, muito simples e que seja desenhado por você.

Fernando contemplou seu rosto e notou nele certa ansiedade e compreendeu que algo muito misterioso havia acontecido. Rosa nunca pensara em si, somente nos outros. Vivia cuidando de doentes, levando alimento àqueles mais pobres que passavam todo tipo de privação, guardando todo o lucro da venda de suas flores e frutas para socorrê-las. Até que enfim chegou o dia de ela pensar em ter algo para si.

– Com certeza eu arrumo o anel que você tanto deseja. Quer de ouro ou de prata? Qual sua pedra preciosa preferida?

Ouro, prata, diamantes, esmeraldas e outras pedras preciosas se encontravam em abundância nas minas dos Andes; ela poderia adquirir o anel que quisesse, sem muito custo.

– Eu quero um anel de ouro, algo bem simples, sem nenhuma pedra preciosa incrustada nele.

Fernando pensou e fez uma sugestão:

– E se a gente mandasse gravar uma frase minúscula no lado externo do anel? Isso pode ser feito com a maior facilidade pelo ourives.

– Irmão, que frase você sugere?

Fernando pensou um momento e disse:

– Que tal esta: "Rosa do meu coração, seja minha esposa".

O coração de Rosa disparou, e ela não podia conter tamanha emoção. Deus inspirara seu irmão para falar a mesma frase que naquela manhã ouvira dos lábios do Menino Jesus.

Como ele viu que ela sofreu um tremendo impacto, quase perdeu a cor e até parecia que ia desmaiar, ele perguntou:

– Não gostou da sugestão?

– Gostei demais! Muito linda! Não poderia imaginar algo mais sugestivo.

– Que bom que gostou. Conheço um bom ourives; em dois dias terá seu anel pronto.

Rosa teve uma ideia: hoje é Domingo de Ramos, se até quarta-feira o anel estiver pronto, vou pedir ao Frei Alonso para colocá-lo dentro do sacrário na quinta-feira e deixá-lo lá até o Domingo de Páscoa, quando então colocarei o anel em meu dedo e o usarei até o final de minha vida. Vai ser algo incrível e esplendoroso. Porém, mais que esplendoroso, terão de ser os argumentos e as explicações que terei de dar ao Frei Alonso para que ele me entenda.

Mas não havia dúvida de que Frei Alonso atenderia o pedido de Irmã Rosa. Ele e todos viam naquela jovem algo extraordinário e que Deus vinha agindo e fazendo maravilhas por intermédio dela.

UM OLHAR SOBRE AS MONTANHAS

Lima, a capital do Peru, tem, de um lado, o mar do Pacífico e, do outro lado, ao longe, as montanhas que formam a cordilheira dos Andes. Era nessas montanhas distantes que Irmã Rosa mantinha seu olhar constante. Às vezes, viam-na em silêncio, com os olhos focados naquela direção; com certeza para lá direcionava também suas orações.

Na vida de Santa Rosa, duas referências são marcantes e valem a pena ser mencionadas e jamais esquecidas: seu amor imenso pelos indígenas e pelo povo de origem africana. Com relação aos indígenas, ela se mostrava indignada pelo fato de o homem branco ter invadido suas terras, que os vira nascer, apossar-se de forma ilícita do que era patrimônio perene dos nativos, expulsá-los e ainda roubá-los, levando para a Europa quilos e mais quilos de ouro, prata, diamantes, pedras preciosas e madeiras. Não bastando isso, também matava os índios que resistiam como se fossem animais selvagens; os que conseguiam dominar ficavam escravos. Por isso Irmã Rosa não aceitava esse tipo de injustiça contra os índios, a quem ela chamava de irmãos. Sempre os defendeu e os protegeu, como uma mãe protege os filhos.

Com relação aos povos de origem africana, ela também mostrava uma indignação, que muito a fazia sofrer. Na África, muitos desses escravos eram de linhagem nobre, cultos e com formação acadêmica, Filhos ou descendentes de reis. Mesmo na dinastia dos faraós, havia reis de pele escura. Foram vendidos e deportados por pessoas de seu próprio povo, de sua própria raça. Talvez por questões políticas, certos opositores tentaram desmantelar os reinos, encarcerando os nobres e seus súditos, vendendo-os como mercadoria para a América para serem escravos. Sempre é assim: quando alguém se sente ameaçado em seus erros e suas abominações e vê um obstáculo ou uma pedra em seu caminho, procura criar um crime ou uma culpa, prendê-lo injustamente ou eliminá-lo de vez. Foi isso que aconteceu com os povos da África. Irmã Rosa não se conformava com tamanha maldade: expulsar os filhos da terra, acostumados com seu país, com seus costumes, seus alimentos, sua cultura para jogá-los em um mundo desconhecido, sob o jugo da crueldade. Da nobreza que viviam para serem condenados a viverem e caminharem como errantes.

Ela vivia também no meio dos escravos ajudando-os e confortando-os. Uma vez, vendo um escravo ser ultrajado, defendeu-o firmemente diante da ira de um tal senhor que se julgava poderoso na cidade:

– Senhor! O mínimo que deve a estas pessoas é o respeito, porque são seres humanos como todos nós.

– Mas ele é um negro escravo!

– O senhor já observou como é um jardim repleto de roseiras?

– Claro! O que isso tem a ver?

– Já observou que lá existem rosas brancas, vermelhas, amarelas, cor-de-rosa, encarnadas e amarelo-ouro?

– Sim! É claro que existem rosas de todas as cores!

– Perfeitamente! E todas elas encantam nossos olhares, se dão bem e não brigam entre si. Todas têm o mesmo valor diante dos olhos de Deus, que as criou. Se Deus, por sua livre e espontânea vontade, criou rosas de todas as cores, por que não poderia Ele, no jardim do mundo, do qual é dono e soberano, criar pessoas de todas as cores: os brancos, os negros, os vermelhos e os amarelos?

O homem calou-se, ficou perplexo e depois sorriu.

– Irmã Rosa, que lição de vida me deste hoje! Estou profundamente envergonhado. Desculpe minha rudeza e ignorância.

Irmã Rosa, olhando para ele, disse:

– Devemos tratá-los bem, porque não estão aqui porque querem. Não são intrusos entre nós. Foram arrancados à força de sua pátria, trazidos para cá como prisioneiros e vendidos como mercadoria. O mínimo que podemos fazer é dar a eles dignidade porque também são filhos de Deus. Tornaram-se indigentes por culpa dos outros.

E, quanto aos indígenas, ela sempre afirmava que o Peru pertencia aos índios, o branco era intruso. O índio era o verdadeiro dono da terra.

Onde já se viu demarcar territórios ou terrenos para os donos da terra? Os indígenas e os afrodescendentes sempre tiveram e terão um lugar especial no coração de Santa Rosa de Lima, mesmo estando ela hoje lá no Paraíso.

IRMÃ ROSA ENFRENTA UM TRIBUNAL

Às vezes, esquecemos que, entre os doze discípulos de Jesus, um não teve escrúpulo algum ao traí-lo e entregá-lo aos fariseus por trinta moedas de prata. Judas foi testemunha de tantos milagres operados por Jesus! Dele ouviu tantas palavras de vida e verdade e o cumprimento de tantas profecias. Mesmo assim deixou o mal tomar conta de si e praticar tamanho crime. Em apenas um grupo composto de doze pessoas um fez isso. Imaginemos quantos deslizes se comete em um grupo bem grande de pessoas.

Erramos por ingenuidade ou por excesso de credibilidade quando queremos exigir que muitas comunidades cristãs sejam compostas totalmente de santos sem defeitos. Esquecemos da humanidade de cada um.

Quando nos aprofundamos na espiritualidade de Santa Rosa, vemos que foi santa desde pequenininha, e todos os momentos de sua vida estão palmilhados de fatos e reflexos de santidade; não fica dúvida sobre a honestidade de sua vivência. Para nós chega a ser um absurdo imaginar que ela tenha sofrido um tipo de perseguição maldosa por parte de alguma pessoa, por alguém que vivia ocupado em não fazer nada além de mal aos outros como verdadeiro ímpio. Por inveja e ciúmes, não faltou quem vivesse investigando sua vida para achar um ponto que pudesse ser um meio de prejudicá-la. A difamação é um vício maligno e perverso. Obcecadamente investigando a vida de Irmã Rosa, o *futriqueiro* soube que ela confidenciara a alguém suas experiências místicas e comentara que recebia constantemente a visita do Menino Jesus em sua ermida e que com Ele conversava. Era tudo o que o espírito maldoso dessa pessoa precisava para denunciá-la como visionária presunçosa e desequilibrada. Por meio de uma *cavilação* articulada, queria denegrir sua imagem como uma farsante talvez. E o caso foi parar em um tribunal eclesiástico.

Diante de vários sacerdotes, mestres em Teologia, Irmã Rosa teve de se retratar quanto a suas visões e confabulações com o Menino Jesus.

Jesus nos garantiu que, quando fôssemos levados a um tribunal, não deveríamos ficar preocupados, porque nessa hora o Espírito Santo falaria por nós.

Colocada na frente de seus inquisidores, Irmã Rosa permaneceu calma e tranquila. E, em um dado momento, um padre lhe perguntou:

– Irmã Rosa, não acha que é um ato de loucura ficar falando que recebe a visita do Menino Jesus em sua ermida e que conversa com Ele?

Calmamente e com muita educação, Irmã Rosa respondeu à pergunta de seu interlocutor:

– Não! Devo dizer a vossa reverendíssima que eu acho normal. Ato de loucura é esse mesmo Jesus, que é nosso Deus e Senhor, resgatar-nos no madeiro da cruz e, apesar de nossas misérias humanas, causadas pelo pecado, dignar-se a ter misericórdia de nós e entrar em nosso corpo por meio da sagrada Eucaristia, no momento em que o comungamos. Isso sim é para mim um ato de imensa loucura!

Com essa resposta de Irmã Rosa, todos ficaram calados e perplexos, e o tribunal foi encerrado naquele momento. E ninguém mais ousou por em dúvida a santidade daquela humilde emissária de Deus, que vivia socorrendo os doentes e necessitados da cidade, vendo em cada um deles a imagem do Cristo sofredor.

ANJO DA CARIDADE

Havia em Lima uma jovem, cujo nome era Joana de Bombadilla, pertencente a uma ilustre família da alta sociedade limenha. Por razões desconhecidas, ela e sua mãe foram abandonadas pelos familiares. Joana, nessa época, encontrava-se gravemente enferma e em uma situação lastimável, em um local distante na periferia da cidade. Irmã Rosa, sabendo disso, tomou a providência de ir à propriedade da jovem enferma para oferecer sua ajuda. Por causa do lugar onde elas moravam, não havia como Irmã Rosa cuidar, por ser distante de sua casa e pelos cuidados terem de ser contínuos. Então Irmã Rosa fez a seguinte proposta:

– Na casa de meus pais, existe um quarto que eles querem alugar. Então vocês irão até lá, conversarão com minha mãe e alugarão o quarto.

– Irmã Rosa, na situação em que nos encontramos, não há dinheiro para nada, muito menos para pagar o aluguel desse quarto, respondeu Joana.

– Não se preocupe, pois eu passarei o dinheiro do aluguel para você todos os meses durante o tempo em que lá estiverem. Mas tenho uma condição: nunca revelem a ninguém o que estou fazendo, muito menos sobre o dinheiro do aluguel. Concordam com isso?

– Sim! Concordamos, jamais falaremos.

Joana e sua mãe se instalaram na casa dos pais de Irmã Rosa e dela recebeu todo cuidado necessário para se curar da enfermidade. Ainda receberam a alimentação necessária para se manterem até a cura.

Nos meses em que lá ficaram, no dia do pagamento do aluguel, Irmã Rosa passava às mãos de Joana o dinheiro. Ninguém ficou sabendo de onde vinha aquela ajuda, porque ela mantinha em segredo o nome de seus colaboradores.

Recebendo todos os cuidados e o uso dos remédios certos, Joana ficou totalmente curada podendo voltar com sua mãe para casa e continuar sua vida. Ficaram muito agradecidas à total dedicação de Irmã Rosa e guardaram o segredo a sete chaves; nunca comentaram nada. Somente após a morte de Irmã Rosa, elas divulgaram esse fato edificante do anjo da caridade de Lima.

CURAS NA ENFERMARIA

Já eram muitas as integrantes da Ordem Terceira Dominica em Lima e também um vasto trabalho social que desempenhavam. Estavam presentes, entre os órfãos abandonados, índios indigentes expulsos de suas terras por ricos grileiros, escravos idosos que já não davam conta de trabalho e eram descartados como mercadoria de prazo vencido, como se fossem burros velhos inúteis. O trabalho das irmãs terciárias dominicanas era intenso, e quase elas não davam conta se não fosse o zelo e o desprendimento de Irmã Rosa, que sempre estava presente em todos os setores desses trabalhos.

Um dia, passando pelo local de atendimento aos doentes, uma das irmãs confidenciou à Irmã Rosa que havia na enfermaria um senhor idoso em um estado deplorável, com o corpo coberto de chagas, cujas feridas exalavam um forte mau odor. Ele gritava pedindo água, mas, diante do seu mau aspecto, nenhuma das irmãs tinha coragem de se aproximar dele. Às vezes, ele até blasfemava por causa do preconceito que estava sofrendo. Irmã Rosa, mal acabara de ouvir aquele relato, correu para a enfermaria com uma moringa de água nas mãos e foi em sua direção. Ao vê-la, o pobre doente começou a chorar e gritar:

– Irmã Rosa, tenha misericórdia deste pobre infeliz que está sofrendo demais. Sois um anjo de Deus, por isso me dê ao menos um pouco de água para saciar esta sede que a febre me faz sentir.

Irmã Rosa chegou à cabeceira de sua cama e, levantando sua cabeça com as mãos, colocou em sua boca uma caneca de água.

– Calma, meu irmão! Não se desespere porque Deus tem muitas bênçãos para sua vida.

– Estou morrendo, Irmã Rosa! Ore por mim.

Irmã Rosa olhou suas mãos, que estavam tomadas de chagas, assim como todo o corpo do pobre homem, e, humildemente, beijou-lhe as mãos.

Sem medo algum de contágio, Irmã Rosa, sentindo imensa compaixão por aquele ser tão sofrido, tomou suas mãos ressequidas e as segurou. No mesmo instante, seu corpo ficou limpo e todas as chagas desapareceram. Curado, o pobre homem emocionado começou a chorar e a balbuciar:

– Irmã Rosa, és uma santa e me curaste deste mal que me atormentava.

Humilde e preocupada que lhe atribuíssem honras e méritos, ela na hora contestou:

– Não, meu irmão! Não fui eu que fiz isso, eu apenas pedi a Deus por ti e Ele te deu a bênção da cura. Agora que experimentaste a misericórdia divina, faz de tua vida uma constante busca da santidade.

Na mesma enfermaria, outro doente tinha as mãos travadas, não conseguia segurar uma caneca com água. Chorando, desabafou à serva de Deus: "Irmã Rosa, veja minha situação: minhas mãos entrevadas não me permitem nem segurar um pedaço de pão". Irmã Rosa, compadecida, disse-lhe: "Irmão, lembra-te das mãos de Cristo cravadas com enormes pregos na cruz para nos salvar. Oferece tuas dores a Deus e Ele te recompensará". Ao sair de perto do doente, uma irmã vinha com uma pequena bandeja de tortas. Ela pegou um pedaço e levou ao doente das mãos entrevadas: "Vê, irmão, que delicioso pedaço de torta te trago. Toma e come!" O pobre homem estendeu a mão doente, que, milagrosamente, foi abrindo e, assim, ele pôde pegar a torta para comer. Começou a chorar balbuciando: "Curaste-me, Irmã Rosa! Já disse és uma santa! Mas ela o censurou na hora: "Não fales isso, meu irmão! Quem te curou foi Jesus, que, sabendo de tuas dores, derramou sua misericórdia sobre ti".

Irmã Rosa não queria glórias mundanas, queria simplesmente viver sua vocação batismal e religiosa, sendo uma leiga missionária no mundo, servindo a Deus por meio do próximo. Ela, que tinha o santo privilégio de estar sempre próxima do Menino Jesus, dele alcançava tudo o que intercedia em favor dos doentes e necessitados.

OS PIRATAS HOLANDESES

Foi por meados do mês de maio de 1615 que Irmã Rosa, em um certo dia, foi pega de surpresa por um grande número de pessoas no jardim de sua casa. Todos se encontravam apreensivos e aflitos. Tinham no rosto estampado os visíveis sinais do medo e do terror. Mulheres em prantos, e homens demonstravam medo e imensa preocupação, pela notícia da chegada do temido e famoso pirata holandês, Jorge Spilbergen, ao Porto de Callao, que estava a distância de 20 quilômetros de Lima. Segundo as informações, a frota era grande e lá armavam estratégias para invadir a cidade de Lima. Eram piratas protestantes Calvinistas.

Naquela época, ainda fervia o ódio dos protestantes pelos católicos em consequência da Reforma Luterana-Calvinista, por isso os piratas de forma fanática não tinham escrúpulo de profanar o que era sagrado: invadiram igrejas e roubaram tudo o que era de ouro e prata, tais como cálices, ostensórios e candelabros. Profanaram até os sacrários onde se encontravam as sagradas partículas da Eucaristia. Levaram tudo, e o que não levaram destruíram por sarcasmo e zombaria contra os católicos. Nutriam ódio mortal pelos católicos.

Os piratas tinham a rota certa, pois o Peru era famoso pela imensa quantidade de ouro e prata que era retirada de suas minas pelos espanhóis.

Irmã Rosa sabia do grande perigo que a cidade de Lima estava correndo, viu o pavor que tomava conta daquelas pessoas que foram procurá-la.

– Irmã Rosa, viemos pedir que nos ajude, pois o perigo é eminente e, diante do exército que os piratas possuem, só um milagre pode nos salvar.

– Vamos todos para a igreja dos dominicanos! Todos agora!

Chegando lá, Irmã Rosa dividiu todos em dois grupos. Um grupo ficaria rezando diante do sacrário e o outro, diante da imagem de Nossa Senhora do Rosário. Entraram em vigília, revezavam-se. A adoração eucarística e a reza do Rosário eram ininterruptas. Irmã Rosa permaneceu firme entre eles rezando e se revezando entre os dois grupos. Nossa Senhora do Rosário, mãe de Jesus Cristo, como advogada, haveria de interceder ao Filho por aquela causa. E a igreja agora já estava cheia de gente que, em um só clamor, rezava um Rosário após o outro. Irmã Rosa ali presente animava a todos a se manterem firmes e fiéis à oração. As intenções diabólicas do corsário holandês haveriam de cair por terra. E a igreja se mantinha unida em assídua oração.

Após uma semana no Porto de Callao, enquanto o corsário Jorge Spilbergen se preparava para entrar no Peru e invadir a cidade de Lima, misteriosamente teve um mal súbito, adoeceu e, em seguida, morreu. Os piratas sem comandante desistiram da empreitada e retornaram para a Holanda.

No comando de Irmã Rosa, o exército de Cristo derrubou o chefe e o exército dos piratas.

Esse feito miraculoso e extraordinário foi atribuído à fé, à oração e à ação articulada por Irmã Rosa em defesa de seu povo. Em memória desse feito maravilhoso, muitas imagens de Santa Rosa apresentam-na com uma âncora a seus pés para lembrar esse fato miraculoso.

OS VOTOS RELIGIOSOS

Como já foi mencionado mais de uma vez, Santa Rosa de Lima nunca foi freira de convento embora vivesse revestida de um hábito religioso, conforme o direito que tinha de usá-lo por pertencer à Ordem Terceira Dominicana. Ela nunca se ajoelhou diante de um prior ou uma priora com o objetivo de professar os três votos como o fazem os religiosos e as religiosas de uma ordem ou congregação: *Obediência, Pobreza e Castidade*. Houve até a intenção do padre superior do convento dominicano de Lima que ela tivesse o direito de fazê-lo, porém, como isso dependia do mestre-geral da ordem em Roma, foi feito o pedido, mas não houve tempo, porque ela faleceu antes que a autorização chegasse.

Para Santa Rosa a profissão dos votos nunca chegou a ser um problema porque era autêntica e coerente em seu modo de vida. Vivia no mundo secular, porém como se fosse uma religiosa de convento. Honrava a brancura de seu hábito tornando seu corpo e sua alma pura e limpa como a água cristalina da fonte. Jamais ultrajou a pessoa de São Domingos de Gusmão, o santo pai fundador, com a mínima imperfeição que fosse. Jamais maculou a brancura de seu hábito com o pecado da impureza. De forma coerente, seguia fielmente os passos do santo pai fundador e de Santa Catarina de Sena que para ela eram modelos de vida e perfeição.

O religioso trabalha sua evolução espiritual sustentado pelos três votos feitos como regra de vida. A *Obediência* aos superiores da ordem ou à congregação religiosa faz com que todos se sintam iguais em um sentimento fraterno como irmãos ou irmãs. A obediência é que mantém a unidade, a organização e o funcionamento perfeito de uma comunidade. A *Pobreza* é o voto que faz os religiosos sentirem-se tão próximos de Jesus, que, desapegado de tudo, sendo rei e soberano do mundo, não tinha nada. Disse que os pássaros tinham ninhos e as raposas tinham tocas, mas o Filho do Homem não tinha sequer uma pedra para reclinar a cabeça (cf. Mt 8,20). Apegada ao dinheiro, às terras, aos objetos e a todo tipo de bens materiais, a pessoa do religioso pode tornar-se avarenta e egoísta. Pensará só em acumular coisas e tornar-se-á mesquinha, miserável, fechando o coração para a misericórdia, para a caridade e para o amor que deveria ter ao próximo. Não se importará com as privações e o sofrimento dos outros.

Por isso que o religioso, imitando Jesus, busca ter consigo o mínimo, apenas o necessário, as coisas de uso pessoal. Despojado, o religioso tem uma vida profundamente evangélica. A *Castidade* é um voto sublime porque tira a pessoa da escravidão da lascividade, do hedonismo e das más inclinações. Ninguém pode ser livre e feliz se viver atormentado pelo vício das paixões carnais, dos maus pensamentos e das articulações intencionais, até de forçar oportunismos para obter vantagens no prazer ilícito. O voto de castidade faz a pessoa aproximar-se da semelhança de vida com tantos grandes santos, como São José e, até mesmo, viver como um anjo sobre a terra. São José é o modelo perfeito do religioso casto. O próprio São Domingos de Gusmão, pai e fundador da Ordem dos Pregadores, na hora de sua morte, confessou que manteve pura e intacta sua veste batismal. Apesar de as testemunhas, no processo de sua canonização, defini-lo como um homem muito bonito, ele não se deixou seduzir pelas vaidades do mundo. Seu amor por Jesus Cristo, pelo Evangelho e pela Igreja foi superior a tudo. Se na vida matrimonial junto ao amor há três elementos fundamentais e importantes, como a *fidelidade*, a *cumplicidade* e a *responsabilidade*, na vida religiosa os votos de um religioso são equivalentes, são uma seta que norteia e indica a caminhada. Um religioso que não vive seus votos torna-se desonesto diante de Deus e dos homens.

Santa Rosa, desde sua primeira consagração a Jesus, quando tinha apenas cinco anos de idade, viveu a total fidelidade a esses votos. E, sem dúvida, durante toda a sua vida, renovou-os a cada dia, porque eram eles os pilares que sustentavam sua vida espiritual. Vivendo na íntegra seu compromisso batismal, na unção do Espírito Santo, recebido no sacramento da Crisma, Santa Rosa mostrou que é possível ser santo ou santa no mundo secular. Tinha uma meta traçada e dela nunca se desviou. E foi essa determinação firme e consciente que a levou aos píncaros da santidade.

O "DOUTORZINHO"

A devoção de Irmã Rosa ao Menino Jesus era grande, a ponto de ter sido agraciada com inúmeras experiências místicas, em que o Divino Infante se manifestava, em visões extraordinárias, e com ela conversava. Então estava aí o grande segredo das inúmeras graças e inúmeros milagres que ela conseguia do Cristo Menino intercedendo pelos doentes, pobres e desafortunados. Ela sabia que Ele, o divino esposo, nada lhe negaria em seus insistentes pedidos.

Na enfermaria montada na casa de seus pais, onde Irmã Rosa atendia a todos que a procuravam, ela mantinha uma imagem do Menino Jesus em um local de destaque para ser amado, adorado e reverenciado. Um pequeno oratório bem propício à oração.

Ali recebia todo tipo de gente: indígenas, escravos brancos ou afrodescendentes, muitos em estado grave de saúde. Além das medicinas naturais fitoterápicas, que usava a partir das raízes, folhas, flores e dos frutos e bem conhecia seus efeitos curativos, ela trazia a imagem do Menino Jesus até o enfermo e fazia com que a tocasse e com ela fizesse uma oração. Ao toque na imagem, muitos foram curados milagrosamente. E, quando alguém supunha ter sido ela a autora do milagre, imediatamente apontava para a imagem e dizia: "Não fui eu quem te curou. Quem te curaste foi o Doutorzinho". E assim os milagres iam acontecendo na pobre enfermaria, e ela, como intercessora, atribuía tudo ao Menino Jesus, que ficou conhecido até os dias de hoje como o "Doutorzinho". Essa devoção à infância de Jesus, tão peculiar na vida de Santa Rosa, perdurou para sempre. Em quase todas as suas imagens, ela é apresentada com o Menino Jesus nos braços.

Menino Jesus, "Doutorzinho" de Santa Rosa de Lima

Todo ano, em Lima, celebra-se a festa do "Doutorzinho", com toda honra e pompa ao Cristo Menino. Uma devoção tão querida e iniciada por Santa Rosa.

AMIZADE COM O ANJO DA GUARDA

Irmã Rosa tinha uma conexão enorme com seu Anjo da Guarda, e isso ela nos legou em vários momentos pessoais.

Havia em Lima uma escrava oriunda da África, cujo nome era Esperança e que pertencia à dona Maria Mejia, conhecida da família de Irmã Rosa. Sempre que conversava, ela fazia questão de contar e afirmar à Irmã Rosa que era cristã e gostava de relatar até como foi a cerimônia de seu batismo, mas era tudo mentira porque Esperança era pagã. Por inspiração de seu Anjo da Guarda, Irmã Rosa sabia que tudo o que a jovem escrava dizia não era verdade. De forma ética ouvia tudo e nada dizia. Mas a mentira por si só não se sustenta! Um dia, um escravo que conhecia Esperança desde criança, desde quando viviam na África, comentou com Irmã Rosa que sua amiga era pagã. Esperança, sabendo que foi delatada pelo amigo e sem condição de continuar mentindo, confessou à Irmã Rosa que inventara isso porque tinha vergonha de ser pagã. Irmã Rosa, dominicana e semeadora do Evangelho, acolheu com carinho e misericórdia a sinceridade de Esperança e se empenhou em catequizá-la até que estivesse preparada para receber o Batismo e, em seguida, a Eucaristia e a Crisma.

Ninguém conseguia mentir para Irmã Rosa, porque ela sabia quem falava a verdade e quem estava mentindo. Se ela não tivesse o discernimento na hora, seu Anjo da Guarda lhe dava um sinal depois de ouvir o que não era verdade.

Em todas as suas dificuldades, Irmã Rosa apelou a seu Anjo da Guarda, e ele nunca falhou, estava sempre pronto para ajudá-la. Ela nunca esquecia que tinha um amigo dado por Deus, que caminhava a seu lado sempre pronto para auxiliá-la.

Outro fato interessante foi quando, certa vez enfraquecida pelas inúmeras penitências, Irmã Rosa estava pálida. Saiu de sua pequena ermida e entrou em casa. Sua mãe, vendo-a naquele estado, sentiu que ela precisava tomar uma bebida forte e revigorante, que era uma boa dose de chocolate. Mas, em suas economias, a mãe de Irmã Rosa só tinha dois vinténs. Mesmo assim chamou a índia Mariana e pediu que ela fosse comprar chocolate para sua filha. Irmã Rosa disse a sua mãe que não era necessário, pois sua dose de chocolate estava a caminho.

Enquanto falavam sobre o assunto, bateram à porta da casa. Mariana foi atender. Era um servidor que foi a mando de dona Maria Usátegui. Ele estava com um bule de prata cheio de um delicioso chocolate quente para Irmã Rosa. Dona Maria Oliva ficou perplexa diante do ocorrido, mas Irmã Rosa falou com muita tranquilidade: "Mamãe, não fique admirada! Quando me senti mal, pedi ao meu Anjo da Guarda que fosse até a casa de dona Maria Usátegui e transmitisse a ela que eu estava precisando desse auxílio dela. E meu Anjo da Guarda pelo visto transmitiu tudo de forma correta. E não é a primeira vez. Sempre que preciso de algo recorro a ele, que nunca me falha".

Por meio dessa explicação, dona Maria Oliva pôde entender não só esse fato, mas muitos outros para os quais ela não achava uma explicação.

AÇÃO DO INIMIGO

Santa Rosa de Lima, apesar de toda a sua vivência e seu aspecto angelical, teve de travar inúmeras batalhas contra o demônio que insistentemente queria derrubá-la. Muitas vezes, ela perdia a paz e se via envolta na confusão e na escuridão sentindo uma enorme aridez no coração. Toda a paz dos momentos alegres evaporava-se como fumaça. Então o demônio vinha semear dúvidas em seu coração, dúvidas contra a fé, fraqueza na esperança, medo da justiça de Deus, de ser esquecida ou abandonada por Ele. Assim toda luminosidade de sua alma e de sua alegria transformava-se em trevas e angústia. Durante quinze anos, Irmã Rosa sofreu essa experiência, que muito a fez sofrer, mas também fez dela uma forte guerreira contra o mal. Algumas vezes, chegou a ajoelhar-se em lágrimas e dizer a Deus que se sentia triste e abandonada. A angústia tomava conta de sua alma. Nessas horas de desolação, o

Demônio se faz presente para competir com Deus e derrubar seus eleitos. E Irmã Rosa bem conhecia as artimanhas desse inimigo infernal. Certa vez, enquanto caminhava em um lugar um pouco afastado, ouviu um grito em um canto de seu quarto e agiu com toda bravura interpelando-o: "Covarde! Porque te escondes, fera maligna? Vem! Espero-te aqui! Vem se tens coragem, se fores capaz de me enfrentar. Tu podes até fazer mal a meu corpo, mas jamais tomarás posse de minha alma". O Demônio não se fez de rogado e apareceu diante dela em uma forma feia e monstruosa. Segurou-a pelos ombros, sacudiu-a tanto que ela teve a impressão de que seus ossos tinham sido todos deslocados, moídos e quebrados. Jogou-a contra a parede e arrastou-a puxando-a pelos cabelos. Irmã Rosa, no entanto, ria das tentativas do Maligno de tentar prejudicá-la e dizia: "É tudo, mas é só isso que podes fazer contra mim, Espírito orgulhoso?" Ela zombou e debochou dele.

Humilhado por uma donzela frágil fisicamente, mas espiritualmente gigante, o demônio não teve outra decisão a não ser desistir de perturbá-la. Irmã Rosa estava revestida da graça de Deus e nada a amedrontava.

Insistente, o maligno tentou outra forma de derrubá-la tomando a forma de um moço bonito e elegante, mas seu Anjo da Guarda lhe avisou que era o Demônio. Ela o ignorou e foi embora. Encontrando-se só, perguntou a Jesus por que a deixava exposta às armações do Demônio: "Se sou sua esposa, meu amado Jesus, por que permite que eu viva tais experiências?" Jesus lhe apareceu e lhe disse meigamente: "Sem mim estarias vencida. Eu, porém, estava o tempo todo presente em teu coração. Tem confiança em mim e não chores mais".

Todo santo sempre teve de travar grande batalha contra o maligno, porque estava no caminho certo, o caminho da perfeição. Não é por quem está nas práticas do mal que o Demônio se interessa, porque essas pessoas ele terá de aceitar de tê-las consigo, mesmo não querendo. O Demônio quer os bons, os santos e eleitos de Deus, porque os maus já lhe pertencem.

O DIVINO INFANTE

Pode ser incompreensível a razão humana, mas não para os santos, que optaram por uma vida de caminhar rumo ao céu mesmo ainda com os pés na terra. Santa Rosa, desde pequena, com apenas cinco anos de idade, consagrou-se a Deus. Essa opção tão precoce foi acolhida com muito carinho. Quando vemos suas imagens no altar carregando o Menino Jesus nos braços, não é uma mera fantasia. Alguns santos tiveram o privilégio de dialogar, abraçar e carregar nos braços o Cristo Menino. Irmã Rosa, de alma pura e cristalina, também teve o santo e sagrado privilégio de ter o Menino Jesus dormindo em seus braços por inúmeras vezes. Não teve um amor maior em toda a sua vida que não fosse Jesus Cristo. De coração afável e inocente, recebia as visitas do Redentor na forma de criança.

A presença do Menino Jesus em sua ermida era frequente e, quando Ele não ia, seu coração se enchia de aflição. A presença do Cristo Menino era a razão de toda a sua alegria e satisfação. Ele inundava seu coração de paz e forças para continuar vivendo sua vocação dominicana fundamentada unicamente no Evangelho.

E, em um certo dia, quando uma terrível dor de cabeça atormentava a pobre Irmã Rosa, a ponto de incomodá-la, de não conseguir trabalhar ou se concentrar em algo, um fato interessante aconteceu: o Menino Jesus lhe apareceu e, sorrindo, propôs-lhe uma partida de um joguinho de distração. E o próprio Divino Infante deixou combinado que quem ganhasse podia pedir um prêmio como vitória. E começaram a jogar; não demorou quase nada e Irmã Rosa ganhou. Então, conforme o combinado, ela pediu que sua dor de cabeça desaparecesse. O Santo Menino cumpriu o combinado e a dor sumiu na hora. O Menino Jesus queria continuar o jogo e disse-lhe: "Espero familiarmente que me conceda uma revanche". Irmã Rosa, concordando em jogar uma segunda partida, perguntou-lhe: "E, se ganhares, que prêmio pedirás?" O Divino Infante lhe respondeu: "Como prêmio, quero sua paciência". Jogaram, e o Menino Jesus ganhou. Antes de ele desaparecer, a dor de cabeça voltou para Irmã Rosa.

A paixão de Irmã Rosa pelas flores era algo marcante. Amava cuidar do jardim de sua casa. E tinha uma flor que ela cuidava com muito carinho e esmero; era linda e de um perfume suave e especial! Um dia, porém, aproximando-se de sua ermida, viu que aquela flor tão rara e especial tinha sido arrancada e já se encontrava murcha e fenecida. Entristeceu-se. Ao levantar os olhos, viu o Menino Jesus chegar até ela sorrindo: "Estás triste? Mas sou eu tua flor dos campos, e estou aqui. Fui eu que a arranquei. Deposita sobre mim o amor que tinhas por tua flor". Irmã Rosa entendeu. Jesus queria o coração dela totalmente só para Ele. O amor a Deus é o primeiro dos mandamentos da lei de Deus.

Santa Rosa de Lima com o Menino Jesus

CONSELHEIRA INFALÍVEL

Entre tantos talentos, Irmã Rosa pressentia as coisas que não estavam caminhando bem e persuadia as pessoas para o caminho certo. Entre os tantos fatos ocorridos em sua vida, temos o famoso episódio do jovem Vicente Montesinos de Veneza.

Fixando residência em Lima, Vicente foi morar em uma casa próxima à residência da família Flores.

Ouvindo comentários sobre a beleza e os predicados de uma moça que morava naquela localidade, tentou se aproximar dela com a desculpa de comprar seus trabalhos de bordado. Em poucas palavras, Rosa descobriu qual era a intenção do galanteador. Com muita educação, fez Vicente ver que ela sabia qual era sua real intenção em procurá-la, que eram fúteis suas ideias e que deveria ocupar a cabeça com coisas sérias e sadias. Sem ofendê-lo, usando de ternura e misericórdia, passou-lhe um sermão tão bem caprichado e convincente que o rapaz caiu na real. Percebendo que era totalmente desprovido de formação religiosa, ela o catequizou e fez dele um excelente cristão.

Outro fato interessante foi o caso de Maria de la Mesta, esposa do pintor Angelino Medoro, o primeiro a fazer um retrato de Rosa após seu falecimento.

Maria de la Mesta era uma mulher impulsiva, rabugenta, futriqueira, neurótica, mandona e impertinente que vivia o tempo todo perturbando o marido e se intrometendo em tudo em sua vida. Tinha um ciúme exagerado do esposo e queria mandar nele como se fosse sua dona. Tentava controlar até suas amizades buscando fazer dele um fantoche. Quanto mais se quer amarrar alguém a si mais essa pessoa foge do alcance. Então Rosa, vendo que aquilo iria acabar muito mal, em uma separação desastrosa, não se intimidou em ajudar o casal. Usou de todos os meios inteligentes para explicar a Maria que da forma que ela estava agindo não era o certo e que ela deveria corrigir seus erros antes que fosse tarde e perdesse o marido para sempre. Aconselhada por Rosa, Maria de la Mesta caiu na realidade, corrigiu-se e se tornou uma mulher cristã afável e uma excelente esposa.

Reconstrução científica do verdadeiro rosto de Santa Rosa

UNINDO UMA FAMÍLIA

Entre os fatos ocorridos na vida de Santa Rosa está o de Dimas e de Madalena, uma índia peruana. Ambos eram agricultores, com uma situação financeira cheia de privações. O que ganhavam mal dava para se alimentarem e para Dimas comprar um vestido novo para a esposa. Certo dia, enquanto trabalhava no campo, recebeu a visita de uma comitiva que o procurava oferecendo-lhe uma soma de 30 patacões para ser o guia do grupo até uma região do Chile, em um percurso de 600 léguas. Esse valor, na época, deveria ser bem interessante para tamanha empreitada que iria fazer como guia de viagem. Dimas aceitou na hora, apesar dos rogos de Madalena, que fez de tudo para impedi-lo. Ele a tranquilizou dizendo que tudo daria certo, que nem sempre aparecia uma oportunidade como aquela para ganhar um bom dinheiro e que ela haveria de ter o vestido tão desejado. Sem saber, Dimas, ao partir, deixou a esposa grávida. O tempo de caminhada e o que aconteceu, nessa longa e interminável viagem, é desconhecido até hoje. Diante da demora, Dimas foi dado por morto pela esposa. No entanto ele retornou depois de cinco anos, e seu filho já estava crescido. Madalena continuou na roça. Apesar da ajuda que recebia de Irmã Rosa e do que ganhava, não dava mais para sua subsistência e a do filho. Para não passar fome, Madalena foi à cidade à procura de um trabalho. Nada conseguiu. A única oportunidade que teve foi a de trabalhar servindo alimento nas mesas de uma taberna de mau conceito que servia vinhos, queijos linguiças defumadas e pequenos pratos de refeições baratas, frequentada na maioria por homens rudes e ignóbeis. Dimas, quando chegou da viagem, procurou pela esposa e soube que ela estava trabalhando na tal taberna. Ao chegar, viu a arruaça que havia no local e sua esposa naquele meio grotesco. Madalena, ao vê-lo, ficou atônita, pois o julgava morto há muito tempo. Ele, porém, fez um julgamento injusto e precipitado sobre ela quando se aproximou dele. Nem deixou que lhe falasse nada e disse: "Com mulheres como você, os homens de minha raça fazem isto!" Cuspiu no rosto dela e foi embora. Voltando ao local de sua antiga morada, um pequeno rancho de adobe, encontrou-se com Irmã Rosa, que tinha ali um trabalho social com as crianças da zona rural. Nervoso e transtornado, crendo que sua esposa agora se prostituía, desabafou seu coração com Irmã Rosa.

Irmã Rosa o repreendeu severamente e defendeu a moral e a dignidade da amiga dizendo que, mesmo se julgando viúva, Madalena se mantivera fiel a sua memória, porque era uma cristã temente a Deus, que nunca lhe traiu e que ele não podia de forma alguma duvidar de sua honradez. Seu trabalho na taberna foi uma necessidade emergente. Irmã Rosa tinha o dom de conhecer a consciência das pessoas. E perguntou-lhe:

– Diante da injustiça que cometeu o que faria se encontrasse com Madalena?

– Eu fui um estúpido, um ignorante e precipitado por não ouvi-la. Eu me ajoelharia e, beijando seus pés, também lhe pediria perdão.

– Então vá e faça isso. Conserte o erro que cometeu.

Irmã Rosa lhe fez uma surpresa. Chamou entre as crianças o filho de Dimas que ele não conhecia.

– Gasparino! Venha aqui! Leve este senhor até minha amiga Madalena.

Segurando na mão de Dimas, o menino o guiou pelo caminho.

Em um dado momento, Dimas perguntou a Gasparino:

– Quem é seu padrinho?

– Dom Gaspar Flores, papai de Irmã Rosa.

– E quem é seu pai?

– Meu pai está morto, não o conheci. Chamava-se Dimas, o "Araucano", um valente caçador, que não tinha medo de nada. Quando eu crescer, quero ser igual a ele.

Nesse momento, Dimas ajoelhou-se, apertou Gasparino nos braços e lhe disse:

– Sou eu, meu filho, Dimas, o "Araucano", seu pai.

– Então não estava morto? Sinto-me feliz que esteja vivo, papai!

Ao se aproximar de Madalena, pediu perdão pelo que fez, e ela lhe perdoou. O amor entre ambos era mais forte do que tudo e ainda selado pela bênção da presença de Gasparino.

Irmã Rosa era assim, sempre advogando nas causas complicadas e um anjo de Deus, que unia os corações no amor puro e verdadeiro.

O MILAGRE DA CHUVA

Houve um ano em que uma grande seca sobreveio ao Peru, e o calor era insuportável tornando a terra tórrida e sem vida. Os camponeses, de forma sofrível, estavam vendo passar a época da semeadura dos cereais, e a chuva não dava sinal nenhum de sua vinda.

Eles reuniram-se em um grande grupo e foram à cidade, à procura de Irmã Rosa, tão famosa por suas intercessões, com respostas imediatas vindas do céu. Colocaram-se próximo à porta da enfermaria onde ela atendia os doentes como enfermeira, sabendo que, após o atendimento, por ali deveria passar. Quando a avistaram, correram a seu encontro.

– Irmã Rosa, peça a Deus por nós que Ele nos mande a chuva benfazeja! Precisamos semear senão passaremos fome.

– Rezem vocês mesmos com bastante fervor que Deus irá atendê-los.

– Estamos fracos e cansados de tanto pedir. Sabemos que Ele sempre a escuta e nada lhe nega; peça por nós.

Presenciando essa cena, uma irmã terceira olhou para Irmã Rosa e lhe disse:

– Não serias capaz de tamanho atrevimento! Tome cuidado com a soberba porque essas pessoas estão se fanatizando por ti.

Irmã Rosa, diante da angústia daqueles rudes camponeses, ignorou completamente os comentários de sua irmã de hábito, pediu que todos se ajoelhassem ali mesmo com ela. E, olhando para o céu, proferiu o seguinte rogo:

– Senhor, envia-nos a chuva generosa, que fertiliza a terra e faz as sementes germinarem e trazerem a fartura dos alimentos para todos. Não somos dignos de tua misericórdia, porém compadeça-te com os rogos e o sofrimento de teu povo, que incansavelmente clama por tua misericórdia. Assim seja.

Levantando-se, disse a todos:

– Arrependei-vos de vossos pecados e esperai a resposta de Deus com o milagre da chuva.

Algumas horas depois, o sol sumiu, o céu escureceu e a chuva caiu torrencialmente sobre a terra. E todos louvavam a Deus dizendo:

– Mais um milagre de Irmã Rosa! Deus sempre a escuta.

Tendo o fato chegado ao convento dos frades dominicanos e todos admirados com o relato que ouviram do ocorrido, o padre superior desabafou:

– Se Irmã Rosa já não for santa, está muito perto disso. Que Deus nos dê a graça de imitá-la.

SOCORRENDO UMA POBRE MULHER

Em certa noite, enquanto Rosa e Mariana preparavam o jantar, ouviram gritos na rua. Era bem alto o muro da casa da família Flores! Rosa se embrenhou na escuridão em direção ao portão.

– Pelo grito deve ser alguém ferido precisando de ajuda. Comentou Rosa.

Maria Oliva, ouvindo o barulho, perguntou o que estava acontecendo e por que Mariana e Rosa não estavam preparando o jantar.

– Alguém na rua grita por socorro, e Rosa saiu correndo para atender caso precise de ajuda.

Maria Oliva saiu atrás e gritou:

– Seja o que for, minha filha, nada temos a ver com isso. Não temos como ficar socorrendo todo mundo que aparece em nossa porta.

De repente, ficou tudo silêncio e, em seguida, ouviu-se o caminhar de Rosa escorando uma mulher com seu braço.

– Não foi nada tão grave, mamãe. Esta senhora caiu enquanto caminhava e feriu o joelho. Além de machucada, está faminta e com frio. Era uma pobre índia peruana.

Diferente dos índios da selva Amazônica, que tomam de cinco a sete banhos por dia nos rios, os indígenas das montanhas andinas quase não tomam banho e exalam mau odor de seu corpo, todo cheio de roupas e capas para os proteger do frio e do sol escaldante. Isso atenua ainda mais o mau cheiro misturado ao suor. Rosa não tinha nojo, tocava nas pessoas sem nenhum ranço ou asco e fazia-lhes os curativos. Apesar de ser muito asseada e seu hábito estar sempre branco como neve, não deixava de tocar ou abraçar uma criatura daquelas.

Levou a índia para sua enfermaria, limpou-lhe a ferida, que havia sangrado muito e cujo aspecto não estava muito bom. Com todo cuidado, fez-lhe o curativo.

Maria Oliva tinha dificuldade de entender o zelo e os cuidados que sua filha tinha por aquelas pessoas, o que, às vezes, até lhe causava certa indignação; mas a vivência de sua caçula estava muito perto dos ensinamentos evangélicos de Jesus. Isso a tocava, e ela se rendia.

– Traga essa mulher para nossa cozinha e dê a ela um prato farto de comida. Deve ter caído de fraqueza, dá para ver que está desnutrida.

A realidade é difícil e diferente das palavras bonitas e cheias de empáfia que exalam sabedoria, mas não realizam nada. Para quem vive na mordomia, cercado de todos os tipos de privilégios, tendo uma mesa farta a ponto de poder escolher o que quer comer, e sem lhe faltar dinheiro na carteira, é fácil falar de pobreza e caridade; praticá-las é o problema. Palavras são somente palavras soltas no ar; o que realiza mesmo são as atitudes, as obras plenas de misericórdia. Santa Rosa não pensava muito para agir, questionando se devia ir ajudar ou não; para ela o que valia mesmo era socorrer os irmãos e de forma urgente, conforme suas necessidades, independentemente de quem quer que fosse. E assim ela foi por toda a sua vida.

A CARIDADE É DUPLICADA

Certo dia, Rosa foi procurada por uma jovem que, diante das precariedades de sua família, não tinha como comprar um manto para ir às missas. Conversando com Rosa, falou desse seu problema, e ela, imediatamente, deu-lhe um pedaço de tecido para que a moça tivesse seu manto. Como a casa de Maria Oliva era uma conhecida oficina de costuras e bordados, a jovem foi ao lugar certo.

Passados alguns dias, Maria Oliva procurou aquele pedaço de tecido que Rosa havia entregado à moça. Não o encontrando, por mais que procurasse, julgou que o pano lhe fora roubado. Antes que suspeitasse de alguém, Rosa esclareceu o sumiço do tecido.

– Mamãe, não suspeite nem acuse ninguém, porque a ladra de seu tecido sou eu. Dei o pano para uma garota fazer um véu para poder ir às missas. Fique tranquila que nos próximos dias a senhora será recompensada e receberá em dobro o que foi doado.

O que Rosa havia falado naquele dia cumpriu-se logo em seguida. Em um daqueles dias seguintes, bateu à porta da casa da família Flores um homem procurando por Maria Oliva. Quando essa se apresentou, ele simplesmente disse:

– Dona Maria, aqui tem uma doação de cinquenta moedas de prata para que possa comprar tecido para um manto. E, sem mais delongas, despediu-se e foi embora.

Maria Salas, sem saber de nada sobre o fato ocorrido, mandou a Maria Oliva de presente uma peça de tecidos de seda para que fizesse mantos.

Os frades dominicanos receberam de presente no convento uma peça de tecidos com muitos metros. Agradeceram a quem fez a doação, mas, como para eles aquilo não tinha serventia nenhuma, enviaram de presente para Maria Oliva.

De repente, aquilo ficou tudo muito misterioso, pois, ao invés de um mísero pedaço de pano, agora tinha vários metros de tecido.

Os prodígios de Santa Rosa aconteciam a todo momento ainda durante sua existência, tudo embalado por sua fé e confiança em Deus. Rosa nunca cultivou a incerteza em seu pensamento e em seu coração. Confiar em Deus é pular no escuro sabendo que Ele, como pai, está ali pronto para nos acolher em seus braços. Diz o salmo: "Os que confiam no Senhor são como o monte de Sião, inabalável e firme através dos tempos" (Sl 125,1-3). Rosa vivia isso em seu dia a dia, como sua meta e verdade.

OS ESCRITOS E AS REFLEXÕES

Santa Rosa de Lima não escreveu tratados teológicos, como alguns santos fizeram e cujas obras lhes deram o título de "Doutor da Igreja" por serem reconhecidos como mestres de espiritualidade. Santa Rosa nos legou algumas de suas reflexões.

"Quando servimos os pobres e os enfermos, servimos a Jesus." Uma frase marcante que nos faz ver como via Cristo nos pobres e doentes, que ela socorria diariamente.

"Saiba que o maior serviço que o homem pode oferecer a Deus é ajudar a converter as almas." Nessa frase, ela deixa transparecer sua vocação dominicana no trabalho como pregadora e no testemunho de vida para a salvação das almas.

"Fora da cruz, não há outra escada onde se possa subir até os céus." Quando vemos a batalha de Santa Rosa com tantas penitências, orações e mortificações, pode-se entender o que ela quis dizer com essa reflexão.

"Cristo é minha força, a oração é meu sustentáculo e a fé é meu escudo." Nessa reflexão, Santa Rosa sintetiza, de forma simples, aquilo que é teologicamente de uma profundidade imensa. Daria subsídios para muitos tratados de espiritualidade, mas ela nos facilita a compreensão.

"O Rosário contém todo o mérito da oração vocal e toda a virtude da oração mental." Dominicana, seu amor pelo santo Rosário de Nossa Senhora era seu tudo. Nessa oração diária, Santa Rosa encontrava todas as respostas para suas indagações e as direções a seguir. O Rosário é a oração completa porque contempla todos os mistérios fundamentais da vida de Jesus. No exemplo de Santa Rosa de Lima, seria um absurdo insofismável um dominicano que não rezasse diariamente o Rosário.

"O amor, às vezes, é difícil, mas é nossa essência. E é isso que nos eleva para cima de todas as criaturas." Jesus tanto amou a humanidade, porém, em troca disso, recebeu só ingratidão. Ele ainda continua amando a todos apesar de não ser amado como deveria. Quem ama de verdade nem sempre é valorizado e retribuído, pelo contrário, recebe em troca ingratidão, falsidade e traição.

"Meu Deus! Podes aumentar meu sofrimento, contanto que aumentes meu amor por ti." Esse amor arrebatador por Deus foi a essência de sua vida. Ela nos mostra e nos ensina o quanto devemos amar aquele que nos criou e continua a nos amar apesar de nossas ingratidões. Santa Rosa padecia do sofrimento alheio pela falta de justiça entre os seres humanos. O amor que sentia por Deus também fazia dela um anjo capaz de amar seus pobres irmãos.

"O prazer e a felicidade que o mundo pode me oferecer são simplesmente uma sombra em comparação com o que sinto." Tendo o privilégio de viver ainda na terra as maravilhas do céu, Santa Rosa tinha outra visão da vida. O convívio com o Menino Jesus, nas aparições em sua ermida, com Nossa Senhora e seu Anjo da Guarda fazia dela uma pessoa imensamente feliz. As coisas do mundo para ela passaram a ser secundárias.

"Se os mortais soubessem o que é a graça de Deus, quão bela, quão nobre, quão preciosa; quantos tesouros, quantas alegrias e delícias, quantas riquezas ela esconde em si mesma..." Santa Rosa, que vivia nessa graça, experimentava constantemente as bênçãos de Deus, privilégio de quem tem um coração fraterno desprovido de egoísmo. Ela desejava ardentemente que todos também descobrissem as maravilhas de viver na graça de Deus.

"Se vocês soubessem a beleza que é uma alma sem pecado, estariam dispostos a sofrer qualquer martírio com o intuito de manter a alma pura na graça de Deus." O pecador é alguém que vive escravo, prisioneiro de seus próprios erros.

"Impedir-me de cantar é o mesmo que me impedir de comer." Até os pássaros cantam para manifestarem alegria ou tristeza. A música está presente na vida do ser humano como uma grande expressão de sentimentos. Se existe algo que se pode comparar ao que é divino, é a música. Ela existe, nós a ouvimos e sentimos, mas não conseguimos vê-la. Para Santa Rosa a música era algo que fazia parte de sua vida, de sua alma e de seu coração. Se tanta era sua admiração pelas rosas e por suas cores como enfeites no jardim do mundo, a música completava os sentimentos de sua alma. Afinal, o que seria do mundo se não houvesse música e flor? Seria tudo tão triste, sem som e sem cor!

AS PROFECIAS

Irmã Rosa foi agraciada com o dom da profecia. Um dia, enquanto rezava diante da imagem de Santa Catarina de Sena, falou-lhe de forma tê-la viva em sua presença: "Ó minha dulcíssima mãe, vejo que está desbotado por demais o hábito que trajais. Como gostaria de ter ao menos dezesseis escudos para comprar tecido e dar-lhe um hábito novo". As demais irmãs terceiras, ouvindo-a assim falar, puseram-se a rir pela ingenuidade de Irmã Rosa ao agir dessa forma com a imagem. Poucos segundos depois, entrou na capela a criada de uma nobre família de Lima e disse à Irmã Rosa: "Bom dia, Irmã Rosa! Minha patroa vos manda dezesseis escudos para que possa enfeitar a imagem de Santa Catarina de Sena". Comovida, Irmã Rosa exclamou: "Ó Jesus, como sois um amigo fiel!" Agradeceu à criada prometendo rezar por ela e pela família de sua patroa. Suas irmãs de hábito, que lhe haviam feito chacotas, ficaram envergonhadas ao verem que, na simplicidade de Irmã Rosa, havia algo de misterioso e inexplicável.

Chegou o dia 29 de abril, festa de Santa Catarina de Sena. Irmã Rosa procurou flores em todos os pés e não encontrou nenhuma nem sequer um botão. Tranquilamente, disse a suas companheiras: "Temos ainda uma noite, tempo suficiente para Deus nos conceder o que desejamos. Vejam este pé de goivo não tem sequer um botão, mas amanhã cedo terá três ramos floridos em honra da Santíssima Trindade". Ao saírem de perto, riram e confabularam: "Irmã Rosa é bem pretensiosa".

Antes do clarear do dia, Irmã Rosa as chamou dizendo: "Ide, irmã, colher as flores de goivo!" Elas, descrentes, riram, dizendo: "É inútil, Irmã Rosa, lá não tem flor nenhuma". Irmã Rosa foi decisiva: "Ide, de uma vez, o Senhor satisfez nossos desejos". Elas foram rindo, mas, ao tocarem os olhos no pé de goivo, ficaram atônitas e perplexas. Havia três galhos floridos e perfumados. Irmã Rosa, feliz, ofereceu os três ramos floridos a Santa Catarina. Desde aquele dia em diante, nunca mais faltaram flores em seu jardim. Os pés de goivo viviam sempre floridos.

Estava Irmã Rosa a colher frutas no pomar, e sua mãe a procura e, com jeito severo, põe-se a falar:

– Dona Isabel Mejia falou-me que você comentou com ela que haverá um mosteiro dominicano em Lima e que dona Lucia de la Daga será a primeira prioresa do convento. Perdeste o juízo, Rosa? Dona Lucia é uma mulher casada e mãe de cinco filhos. Como podes dizer um absurdo desse? Então o marido e os filhos terão de morrer para ela se tornar monja? Rosa, minha filha, você me mata de vergonha com essas conversas proféticas. Rosa abaixou a cabeça e depois sorrindo falou a sua mãe:

– Tudo no tempo de Deus, minha mãe. Desculpe-me se a magoei com essa conversa.

Na verdade, vivia exultante nos últimos tempos por algo que incendiava seu coração de alegria; de fato ela profetizou que, depois de sua morte, seria fundado um mosteiro dominicano em Lima, em honra de Santa Catarina de Sena. Chegou a mostrar o local onde seria construído. Sua mãe a censurava e pedia que parasse de falar isso. Já havia mosteiros de outras ordens na cidade de Lima. Depois da carraspana que levou da mãe, Irmã Rosa falou calmamente: "Acalme-se, minha mãe! Tenha paciência! Porque lhe digo que será uma das primeiras monjas do novo mosteiro e nele vivereis santamente até seus últimos dias". Dona Maria Oliva enfureceu-se: "Nem que um elefante voe vou fazer isso. Você é tola, minha filha. Sou casada e tenho filhos; como vou ser uma monja para cantar e salmodiar? Sou uma velha, como vou me colocar em um claustro que eu sempre repudiei. Minha filha, você perdeu o juízo?" Irmã Rosa ficou em silêncio. Doze anos depois de sua morte, o mosteiro estava fundado em Lima, e Maria Oliva, já viúva e idosa, entrou para o convento, professando a vida monástica e recebendo o nome de Irmã Maria de Santa Maria.

Foi recebida pela então prioresa Madre Lucia de la Daga, conforme Irmã Rosa profetizara.

Quando Fernando lhe contou que iria embora para ser militar no Chile, Rosa ficou triste. Este irmão querido era seu amigo desde quando eram pequenos. Fitando-o com ternura profetizou: minhas orações o acompanharão. Será muito feliz, meu irmão. No Chile vai conhecer uma moça, vai se casar e terá uma filha linda, na qual você porá meu nome.

Fernando sorriu: se isso acontecer, claro que minha filha terá seu nome. Minha filha se chamará Maria Rosa.

E tudo aconteceu conforme Irmã Rosa profetizara.

O ROSÁRIO

Um sacerdote dominicano francês, Frei Henri Dominique Lacordaire, disse, certa vez, que depois da Santa Missa o Rosário de Nossa Senhora é a maior espiritualidade da Igreja, porque possui todos os elementos evangélicos da vida de Nosso Senhor Jesus Cristo. No Rosário, meditamos os mistérios da vida de Cristo, intercalando com orações do Pai-Nosso e da Ave-Maria, que são de cunho evangélico. Rezar o Rosário é rezar o Evangelho. Foi essa forma usada por São Domingos em suas pregações itinerantes.

Quando observamos a vida contemplativa de Santa Rosa de Lima em suas longas e intermináveis horas de orações, vem-nos o desejo de saber quais eram as orações que ela fazia, se tinham algo de diferente e como seriam. Em todos os momentos de sua vida, Santa Rosa sempre deixou claro seu amor pelo Rosário de Nossa Senhora. Grande propagadora dessa devoção, era ela a primeira a usufruir da beleza e dos beneplácitos dessa maravilhosa forma de rezar. Ao propagar e ensinar as pessoas a rezarem, ela sempre mostrou que o Rosário era uma oração completa. Em primeiro lugar, devemos observar que se trata de uma *oração bíblica*, que medita momentos da vida de Nosso Senhor Jesus Cristo. Só isso já bastaria e seria perfeito, mas é também uma *oração de louvor* quando rezamos o Glória saudando a Santíssima Trindade. É uma oração *penitencial* quando reconhecemos nossas falhas e, ao mesmo tempo, a *intercessão* quando rezamos o Pai-Nosso. Na Ave-Maria, repetimos a saudação do Anjo e de Santa Isabel e pedimos a intercessão de Nossa Senhora. Em suma, o Rosário é uma oração perfeita!

Ele é um tesouro precioso da Ordem Dominicana, que, tendo saído das mãos de Nossa Senhora, ela própria o entregou a São Domingos de Gusmão, que de forma imediata colocou nas mãos da Igreja como um precioso legado mariano.

Amar o Rosário e rezá-lo todos os dias é uma forma segura de estar em união com Nossa Senhora. E quem está com Maria está sempre junto de Jesus.

A VIDA MÍSTICA

O ideal dominicano é compatível a todas as épocas porque ser um pregador itinerante da Palavra de Deus é algo sempre inédito. Esse é o objetivo da Ordem dos Pregadores. E o que nos encanta na vida de Santa Rosa é observar sua fidelidade a esse ideal. Sem sair de Lima e sem se privar da convivência de seus familiares, ela conseguiu viver em si o objetivo dos três ramos da ordem dominicana: *Vida monástica, missionária pregadora e leiga atuante em pastorais.*

O terceiro seguimento da vida de Santa Rosa é o mais incompreensível à mente humana quando ela vive em sua pequena ermida, de certa forma seu *mosteirinho*, a mesma vivência das monjas dominicanas em seus mosteiros. Sem dúvida, ela foi a maior mística das Américas. Inseriu em seu projeto de vida os jejuns e as penitências da mesma forma que viveram os grandes santos dos mosteiros da Europa e do Oriente.

Se a presença do Menino Jesus lhe trazia tanta ternura, ela nunca esqueceu que aquele mesmo "santo menino", quando adulto, sofreu as dores mais atrozes para resgatar a humanidade pecadora. Por isso tinha também seu olhar e seus pensamentos para a paixão de Nosso Senhor Jesus Cristo. Esse é um traço muito forte que ficou de sua vida mística. Irmã Rosa procurava viver em sua carne as dores da paixão de Cristo pela conversão das pessoas. Por experiência própria, ela escreveu: "Fora da cruz não há outra escada para se chegar até o céu". Fez muitas penitências, muitos jejuns, muitas mortificações e chegava passar uma noite inteira em oração; quando dormia, usava uma tábua como cama e um tijolo como travesseiro. Usava um aro de metal com cravos pontiagudos na cabeça como se fosse uma coroa de espinhos embaixo do véu. E foi em um pequeno acidente, com uma carroça, que seu pai descobriu isso, porque, com a pancada, começou a correr sangue por sua face. O pai a repreendeu, mas ela justificou-se que era para vencer as tentações. Aos alimentos que comia acrescentava vinagre e temperos amargos, em memória do Cristo agonizante na cruz. Sem parar de trabalhar, passava vários dias sem comer, o que deixava sua mãe muito preocupada. Para evitar que sua beleza chamasse atenção, passava pimenta no rosto, a fim de ficar com a pele e os olhos sempre irritados. Penitências em excessos foram a forma que direcionou sua vocação para ajudar na conversão dos incrédulos, em sua própria santificação e em sua união às dores que Jesus sofreu no Calvário.

Foi monja na *vida contemplativa* e missionária na *vida ativa*. A espiritualidade da Ordem Dominicana é: *Contemplação e Ação*. Seus membros devem rezar e estudar. Isso é a *contemplação*. E o que colherem na contemplação deverão levar aos irmãos na *Ação*. Era o que ela fazia. Aquela minúscula construção que se preserva até os dias de hoje foi seu *mosteirinho* e permanece como testemunha de sua vida mística. Nele, ela se abastecia de força e coragem na oração e na Palavra de Deus para realizar sua vida na missão.

CONVITE PARA MORAR EM OUTRA CASA

Certa tarde, Irmã Rosa recebeu a visita de Francisca de Montoya, sua irmã de hábito na Ordem Terceira de São Domingos. Entre as conversas, surgiram questões religiosas, e Rosa reafirmou que, se fosse homem, seria missionário e que ambicionava morrer como mártir nessa empreitada. Irmã Francisca ficou perplexa porque não tinha aptidão para penitências difíceis e, muito menos, para morrer mártir. Suas visitas à Irmã Rosa já eram difíceis, porque havia ali muitos pernilongos e ela saía com a pele vermelha e dolorida pelas picadas dos insetos.

– Já é difícil suportar esses insetos, imagina eu fazer penitências mais pesadas.

Irmã Rosa riu.

– Mesmo assim, você não deixa de me visitar.

– É diferente. Não sabes o quanto me faz bem conversar contigo. Tuas palavras me edificam. Sempre saio daqui com uma imensa paz interior, apesar das picadas desses bichinhos. Mas noto que eles não te fazem mal nenhum, tampouco a sua mãe e a dona Maria de Usátegui.

– Porque fizemos um trato com essas criaturinhas. Não as matamos, e elas não nos atacam. Faça você também um trato com elas.

– Está bem. Que elas não me ataquem, e eu não farei mal nenhum a elas.

Passados alguns dias, Irmã Rosa recebeu o padre Alonso no jardim de seu pequeno eremitério. Ele trazia algumas notícias para ela. Um assunto que já estava sendo discutido entre a família de Rosa. Dom Gonçalo e dona Maria, sua esposa, preocupados com a fragilidade de sua saúde, que vinha declinando dia a dia, decidiram levá-la para morar em sua casa, onde pudesse receber cuidados e não se excedesse nas pesadas penitências. Frei Alonso, seu confessor e orientador, também se preocupava com sua saúde.

– Tens sorte, Irmã Rosa, porque Dom Gonçalo e Dona Maria te estimam muito. São pessoas ricas, de posses, que querem que fique na casa deles para que possa tratar da saúde, visto que, apesar de jovem, seu corpo se encontra frágil e debilitado. O coração da jovem se perturbou.

– Padre, como posso ir morar em outra casa se meus pais já são idosos e dependem de mim em muitas coisas?

O sacerdote sorriu, mas foi enfático.

– Irmã Rosa, conheces a obediência? Quero, pois, que vás para a casa da família Massas para que possas recuperar tua saúde.

Irmã Rosa de início permaneceu calada. Como membro da família dominicana, sabia que deveria obedecer a seus superiores, principalmente ao padre Alonso, que era seu diretor espiritual. Se ele achava que isso seria melhor para ela, não havia como desobedecer-lhe. teria de simplesmente aceitar o que ele sugeria. Em nome da santa obediência dominicana, ela reagiu:

– Irei sim! Serei obediente como uma filha é ao pai. Não estou tão doente assim porque Nosso Senhor permitiu que eu tenha ainda mais dois anos para servi-lo aqui na terra.

– Tenho certeza de que viverás muito mais que isso se te cuidares. De agora em diante, deverás pensar mais em tua saúde. Estando saudável, poderás trabalhar muito mais por teus irmãos desvalidos.

EM UM NOVO LAR

Tão logo chegou à casa da família Massas, dom Gonçalo e dona Maria receberam Rosa com o maior carinho, como se fosse uma de suas filhas. Sua única exigência, ao chegar, foi ficar em um quarto pequeno e bem simples, pois não queria abusar da caridade da família, que a acolhia naquele momento. Apesar da insistência dos donos da casa em querer que ela se preocupasse unicamente com o próprio restabelecimento, Rosa procurou fazer todos os trabalhos domésticos da casa.

Micaela e Beatriz eram as duas filhas mais velhas de dona Maria e dom Gonçalo, cuja afeição por Rosa era imensa, e sozinhas confabulavam a respeito do comportamento e das virtudes da jovem dominicana. Sentiam-se privilegiados com sua presença e convivência. Beatriz, em uma conversa com a mãe e a irmã, fez uma profecia: "Para nós é um privilégio tê-la conosco e, depois de muitos anos, quando ela for santa, esta casa será um local de peregrinação. Muitos irão querer ver o quartinho onde ela viveu os últimos anos de sua vida". Dona Maria e Micaela, ao ouvirem aquelas palavras, ficaram perplexas. Só depois da canonização de Irmã Rosa é que recordaram essa profecia.

Dona Maria, apesar da alegria que a presença de Irmã Rosa lhe causava, era tomada, sem querer, de pensamentos furtivos, que lhe vinha a afirmação de que Rosa morreria no dia de São Bartolomeu. Refletia consigo mesma que, se isso acontecesse, Rosa teria apenas 31 anos e seria muito jovem para deixar este mundo. Falando sobre isso com seu esposo, ele a tranquilizou:

– Não pense nisso. Com uma boa alimentação e repouso, ela vai ficar sadia e viver muito. Veja Dom Gaspar, pai de Rosa, está com 93 anos, está forte e sadio e não pensa em parar de trabalhar. Se Rosa puxar por ele, estará conosco por muitos anos ainda.

Irmã Rosa sentia saudades de seu mosteirinho onde teve tantas experiências místicas, mas, obediente, procurava se ocupar de vários trabalhos. Costurava, fazendo roupas para as crianças pobres, bordava as toalhas dos altares das igrejas de Lima e fazia bolos e biscoitos para a merenda da casa. E, quando havia um momento de lazer, cantava com sua voz linda e maviosa, acompanhando-se com o violão, a harpa ou a cítara.

Padre Alonso exigiu dela menos esforços possíveis para que não se cansasse. Mesmo assim, ela mantinha certa disciplina de oração. Era uma intercessora constante por todos que pediam sua ajuda espiritual e tinha sempre em mente a conversão dos pecadores. Rezava os Salmos, mas tinha uma predileção pelo salmo 69: "Vinde o Senhor em meu auxílio e apressai-vos em socorrer-me". E cabisbaixa proferia muitas jaculatórias. Nunca desperdiçou seu tempo com futilidades. Quando não estava trabalhando, estava meditando as Sagradas Escrituras ou rezando o Rosário. E como ela amava a Santa Missa! Teve um privilégio especial, dado por Deus, de que apenas olhando através da janelinha de sua ermida poderia participar de todas as missas que eram celebradas na cidade de Lima.

Mesmo integrando a família de Dom Gonçalo, Irmã Rosa continuava dominicana, usando seu hábito e vivenciando toda a espiritualidade da Ordem dos Pregadores no ramo leigo. Por isso, além de tudo, as missas de que participava e os Rosários que rezava, fazia tudo em intenção do próximo.

CURAS E MILAGRES

Para dona Maria a presença de Irmã Rosa, em sua casa e na vida de sua família, ao mesmo tempo que era um privilégio, era também algo amedrontador. Rosa era diferente, fazia milagres abertamente na visão de todos. Quantos a procuravam, queimando de febre, gritando em consequência de uma dor que atormentava ou arrastando uma perna sem poder andar direito, e, ao serem tocados por ela, eram curados na mesma hora. Pessoas iam à porta da casa pedir suas orações. Entre esses testemunhos, está o do Prior do Convento Dominicano de Santa Maria Madalena, o Padre Bartolomeu Martinez, que afirmava ter sido curado por Rosa de uma terrível moléstia no momento em que ela, tocando sua fronte com as mãos, pediu sua cura a Deus por meio de uma oração a São Domingos de Gusmão. Foram muitos os acontecimentos iguais a esses, ocorridos ainda em vida, por meio da poderosa intercessão de Irmã Rosa.

Não se pode deixar de relatar aqui o caso de dona Maria Eufêmia de Pareja e de seu filho Roderico de Pareja. A mãe queria vê-lo no bom caminho, sendo até um missionário jesuíta, mas Roderico só pensava em uma vida mundana, em uma vida ímpia, dominada pela luxúria e pelo alcoolismo. O tempo passava, e dona Maria se certificava de que o filho estava perdendo a alma. Dizia ela que o álcool e a devassidão são um escorregador liso, que leva direto ao inferno. Como Santa Mônica, que temia pela perdição do filho Agostinho, que só pensava em devassidão, dona Maria de Pareja temia pela perdição da alma de Roderico. Um dia, após muito chorar, procurou Irmã Rosa e, tendo relatado tudo, pediu orações por seu filho. Irmã Rosa, olhando para o rosto de dona Maria, revelou-lhe: "Alegra-te em Deus, pois seu filho além de converter-se ganhará a graça da vocação religiosa". E foi o que aconteceu. Irmã Rosa se colocou em oração, e Roderico, de uma hora para outra, abandonou a vida mundana. Arrependeu-se de seu passado sujo e passou a viver uma vida nova. Decidiu ser padre e entrou para a Ordem Franciscana. Não foi jesuíta, como sua mãe desejara, mas, um franciscano santo. Dona Maria Eufêmia de Pareja nunca se esqueceu dos prodígios que as orações de Irmã Rosa podiam realizar.

SUA ÚLTIMA EMPREITADA

Corriam os meses e, apesar de Irmã Rosa apresentar uma aparência saudável, havia nela algo de estranho que deixava dona Maria preocupada. Estavam já no ano de 1617, em que Rosa previra sua partida para o céu. Dona Maria apegara-se a ela como uma mãe por uma filha e não suportava a ideia de perdê-la. Rosa, que tinha o dom de penetrar o coração e o pensamento das pessoas, entristeceu-se ao ver a angústia que tomava conta de sua mãe adotiva. Em uma certa manhã de abril, ela aproximou-se e, de uma forma muito humilde, falou-lhe:

– Dona Maria, quando eu estiver nos últimos momentos de minha vida, sentirei uma sede terrível. Minha boca ficará seca e isso me causará grande sofrimento. Então lhe peço, por caridade, que não deixe de me dar uma caneca com água.

Dona Maria sentiu uma angústia como se algo tivesse espetado seu coração e, disfarçando sua tristeza, respondeu-lhe:

– Claro, minha filha! Não tenha dúvidas disso. Estarei a todo momento a seu lado. Mas não falemos de morte e de tristeza. Falemos de alegria, da vida; e você está com um aspecto muito saudável! Vai viver muito.

Rosa sorriu e acrescentou algo mais na conversa.

– Mais uma coisa dona Maria: é meu desejo que somente minha mãe e a senhora preparem meu corpo para meu sepultamento.

Dona Maria caiu em pranto, pois faltavam apenas quatro meses para o dia de São Bartolomeu, data que Rosa previra para seu trânsito.

– Não fale mais nisso, minha filha! Nada vai ter graça sem você aqui conosco. Você não sabe quanto a amo; és a filha de meu coração. Você deveria ter vindo morar aqui há muito mais tempo; teria se recuperado melhor.

Irmã Rosa comoveu-se e abraçou a amiga tão querida.

O verão chegou, e Rosa parecia estar bem. O padre Alonso comentou que ela se recuperara daquela anemia. Até Mariana, sua pajem dos tempos de criança, encantara-se com seu aspecto saudável. Esta comentou com padre Alonso e dona Maria em particular que, desde os onze anos, Rosa fazia penitências pesadas pela conversão dos pecadores, para salvar as almas do purgatório e por sua própria perfeição, pois se considerava imperfeita.

Aconselhada pelo Padre Alonso, dona Maria procurou não ficar colocando na cabeça as profecias de Irmã Rosa.

No final de julho de 1617, Rosa pediu permissão para visitar sua ermida, e todos acharam aquilo normal.

No primeiro dia de agosto, no meio da noite, Rosa acordou a casa toda com gritos dolorosos que vinham de seu quarto. Dona Maria pulou da cama, correu para o quarto de Rosa e a encontrou atacada por uma enfermidade mortal. Não podia respirar, e seu corpo todo se encontrava paralisado. Imediatamente dona Maria mandou chamar o doutor João de Castilho e alguns sacerdotes dominicanos que eram mais próximos da doente. Dona Maria, debruçada no ombro do marido, desabafou:

– Ela vai morrer. Ela profetizou e está se sucedendo tudo do jeito que ela falou meses atrás. Fisicamente estava tão bem e sua aparência era saudável!

Padre João de Lorenzana a ungiu com o sacramento da Unção dos Enfermos, e ela acalmou-se. Olhando a mesinha com os remédios que doutor João de Castilho lhe trouxera, ela apenas sorriu como um ato de agradecimento.

O mês de agosto continuava úmido, um dia sucedendo ao outro e ela sempre repetia que o dia do apóstolo São Bartolomeu seria seu último dia na terra. Ela sofria, mas dizia que esses algozes eram para salvar as almas do purgatório.

Na véspera da festa do Apóstolo São Bartolomeu, Rosa, com as mãos enfraquecidas, estendeu-as à dona Maria.

– Dona Maria, gostaria de ver meus pais! Quero receber a bênção de meu pai e de minha mãe pela última vez, dizer-lhes o quanto eu os amo! E quero deles me despedir, pedir perdão-lhes, se alguma vez falhei não sendo uma boa filha, e perdão a todos, a meus irmãos por qualquer incômodo ou dificuldade que lhes tenha causado.

– Dona Maria, atenciosamente, mandou buscar Maria Oliva, dom Gaspar e alguns dos irmãos de Rosa que se encontravam presentes. Dom Gaspar estava com 95 anos.

Dom Gaspar precisou de cuidados especiais para chegar aonde sua filha agonizava.

O TRÂNSITO

Rosa, conforme havia profetizado, sentiu uma sede insuportável e pediu água. Dona Maria quis dar-lhe, mas Dom Gonçalo, seu esposo, impediu-a de fazer isso, pois aumentaria ainda mais o sofrimento de Rosa.

Irmã Rosa, enfrentando a terrível febre que a dominava, exclamou:

– É como se eu tivesse um capacete de fogo sobre minha cabeça.

E, quando estava se aproximando a meia-noite, sua expressão se tornou calma e serena, seu rosto, que sempre foi muito belo, tornou-se mais belo ainda e mostrava certa alegria ao se expressar:

– Peço que não fiquem tristes porque os deixarei. Quero que saibam que hoje é o dia mais lindo e feliz de minha vida.

Foi muito forte e emocionante o encontro de dom Gaspar com sua filha caçula. Agora ela segurava sua mão com tanta ternura!

Olhando para o rosto de seu velho pai, sorriu e lhe disse:

– Papai, não imagina o quanto eu o amo. O senhor foi para mim o melhor pai do mundo. Carinhoso, atencioso e dedicado. Esteve sempre a meu lado procurando me compreender. Obrigado por tudo o que fez por mim.

Olhando para dona Maria Oliva, também sorriu:

– Mamãe, apesar de sua rigidez, sempre lhe fui obediente. Entendo seus cuidados de mãe para comigo e para com todos os meus irmãos. Saiba que a amo muito também. É a melhor mãe do mundo. A senhora fez tudo certo, era sua missão de mãe.

Dona Maria Oliva, segurando a mão da filha, justificou-se sobre todas as suas repreensões, incompreensões e descrenças em suas profecias.

– Rosa, minha filha, eu tinha de ter me esforçado mais para a compreender. Perdoe minha cegueira, minha filha. Perdoe a sua pobre mãe.

Depois, sorrindo para seus irmãos, disse:

– Meus irmãos! Meus amigos e companheiros! Amo a cada um de vocês. Obrigado por tudo, estarão sempre em meu coração.

Para a índia Mariana, sua pajem desde quando nasceu, ela sorriu.

– Mariana! Minha querida Mariana. Minha segunda mãe, minha companheira e parceira de lutas, trabalhos e cumplicidades. Eu a amo muito e pedirei a Jesus tê-la a meu lado no Paraíso. Nossa amizade não termina aqui, é eterna.

Olhando para a família que a tinha acolhido com tanto carinho e dedicação, agradeceu:

– Obrigada por tudo o que fizeram por mim, dona Maria, dom Gonçalo e suas filhas.

Em um canto do quarto, dona Maria e dom Gonçalo e os demais começaram a rezar.

Irmã Rosa, olhando para os sacerdotes dominicanos que a assistiam naquele momento, frei João de Lorenzana, frei Francisco Nieto e mais alguns sacerdotes presentes, falou:

– Amo minha Ordem! Sou dominicana. Por meio da Ordem Terceira pude realizar minha missão terrena. Como sou grata a isso! Procurei ser uma filha fiel e honrar o Santo Pai Domingos, nosso pai e fundador. Tal como é a cor alva de meu hábito, mantive branca minha alma e meu corpo aos olhos de Deus. Tenho consciência de não ter perdido tempo na vida. Fui obediente a Jesus e a sua Mãe, Maria Santíssima.

Sabendo que ela agonizava, mesmo naquelas horas da noite, índios e negros, a quem ela tanto amara e ajudara, correram para a casa de dom Gonçalo. Rezavam e choravam ajoelhados na porta do quarto.

Rosa pediu ao Fernando, seu irmão tão querido e amigo, que estava sempre a seu lado como parceiro e confidente, que retirasse o travesseiro. Queria morrer com a cabeça na madeira da cama para lembrar que Jesus morreu em um madeiro.

Dona Maria Oliva pegou uma vela acesa e ficou contemplando o rosto da filha. E Rosa balbuciou:

– Jesus está comigo! Jesus está comigo!

Depois disse ainda:

– Está tudo terminado.

Fechou os olhos e partiu para a casa do Divino Pai Eterno.

COMOÇÃO COM SUA MORTE

A notícia da morte de Irmã Rosa espalhou-se rapidamente por toda a cidade de Lima causando grande comoção de todos. Era muito querida e amada pelo povo limenho. Houve choro e desesperança entre os pobres, que, apesar de muitos serem mais velhos do que ela, viam-na como uma mãe para eles. Um pobre e idoso índio desabafou:

– Perdemos nossa mãe! Estamos órfãos! Irmã Rosa era única que se importava com a gente. Socorria-nos na fome, na doença, no vestuário, na atenção e no cuidado que tinha por todos nós. Fazia-se pequena como um de nós. Estamos agora sozinhos no mundo.

A peregrinação na casa da família Massa aumentou, pois todos queriam vê-la, ao menos por mais uma vez. E, depois de morta, Irmã Rosa conseguiu fazer uma revolução social entre as pessoas. Personalidades abastadas, pobres, índios e escravos, todos misturados passavam diante de seu corpo para o último adeus.

Mariana, a velha índia que foi sua pajem e amiga desde quando ela era ainda um bebê, fez um relato que muito impressionou a todos. Contou que ela usava embaixo do véu uma coroa de pregos, até que o religioso jesuíta, padre João de Villa Lobos, descobrindo isso, ficou apreensivo e pediu que ela ao menos entortasse as pontas. Como os presentes queriam saber mais, Mariana contou que Rosa usava na cintura uma corrente que ela unira as pontas e fechara com cadeado atirando a chave no poço no fundo do quintal. E falou mais:

– Em certa noite, aquela corrente começou a lhe causar muita dor a ponto de Rosa chorar e soluçar. Eu tinha de dar um jeito de quebrar o cadeado, sem fazer barulho, para não acordar os demais.

Mariana emocionou-se e parou de falar. Padre Alonso insistiu:

– Continue, Mariana. O que aconteceu?

– Rosa começou a rezar para a Virgem Maria, e o cadeado rompeu-se sozinho e a corrente caiu-lhe aos pés.

Todos ficaram perplexos comentando sobre a vida de santidade da jovem dominicana. Nessa hora, dom Gonçalo entregou uma carta escrita e assinada por Rosa. Era um documento onde ela pedia a santa caridade de ser sepultada dentro do claustro dos frades dominicanos. Padre João Lorenzana não teve dúvidas de atender aquele último pedido. Sendo dominicana e amando tanto sua ordem, queria que seu corpo repousasse junto àqueles que, além de serem seus irmãos de hábito, foram seus mestres e diretores espirituais.

Já eram quatro horas quando o padre João Lorenzana tomou a iniciativa de dizer que seria melhor levar o corpo de Irmã Rosa para a igreja, por haver mais espaço para o povo, do que na casa de dom Gonçalo, onde já havia muita gente e cujo espaço era pequeno.

Dessa forma, Irmã Rosa foi acompanhada por uma multidão e escoltada pela guarda do Vice-Rei, seis homens membros da "Audiência", da alta honraria do Vice-Rei do Peru, que carregavam o esquife com seu corpo. Rezando, todos seguiram em procissão até a igreja dos dominicanos.

Poço onde Santa Rosa jogou a chave do cadeado
da corrente, que tinha presa à cintura.
Nele, seus peregrinos e devotos jogam bilhetes com pedidos de graças e curas.

OS FUNERAIS

O corpo chegou à igreja dos dominicanos, local tão amado por Irmã Rosa e onde tantas vezes participara das missas. Diante do altar de Nossa Senhora do Rosário, ela teve visões místicas e a Mãe de Deus lhe fez conhecer sua vocação de leiga terceira dominicana.

Sobre uma plataforma foram colocados seus santos despojos, e, logo, fez-se uma procissão para que todos pudessem vê-la pela última vez. Pessoas doentes eram levadas e, quando a tocavam, seus corpos ficavam curados.

Em um dado momento, para surpresa de todos, houve uma claridade deslumbrante, sobrenatural dentro da capela de Nossa Senhora do Rosário. Houve até quem desse gritos por tamanha beleza. Padre Luis de Bilbao, confessor de Rosa por catorze anos, tempos depois relembrava o fato e dizia que era um sinal de que a própria Mãe de Deus prestava uma homenagem a sua filha tão querida.

Era costume do povo peruano sepultar os mortos algumas horas após o falecimento. A sepultura já estava pronta no claustro do convento, mas a multidão continuava ao redor do corpo de Rosa. Diante dos protestos do povo, o arcebispo consentiu em protelar o sepultamento para o dia seguinte. À noite, o corpo foi transladado para a pequena capela do noviciado. Pela manhã, com o aumento do povo, foi preciso ser reconduzido à igreja, como no dia anterior.

Dom Pedro de Valência, bispo da Guatemala, nunca tinha visto nada igual e perguntava aos frades dominicanos como iriam realizar o sepultamento com tanta gente venerando o corpo de Rosa, que para o povo já era uma santa em vida. Todos queriam uma relíquia sua, ao menos um pedacinho de seu hábito ou uma pétala das rosas que estavam sobre sua fronte.

Durante as horas que passavam, muitos inválidos tinham sido curados, como foi o caso de Juanito, um garoto de doze anos, filho de escravos oriundos da África, que tinha nascido aleijado, com os pés entrevados. Por não conseguir andar, locomovia-se se arrastando pelo chão. Impulsionado por uma grande fé, aproximou-se, com tamanha dificuldade, do corpo de Irmã Rosa. Como não podia levantar-se para tocá-la, aproximou-se das dobras do estofo de veludo perto do esquife. Nenhum rogo ou ameaça o fizeram sair dali. Sua confiança ele manifestou nos rogos e nas orações a "La Rosita", que ouviu suas preces e o atendera. De súbito, ficou em pé, curado, e saltitava de alegria em meio às lágrimas e à emoção. Mais um milagre de Irmã Rosa.

O arcebispo Dom Bartolomeu Lobo Guerreiro estava apreensivo, porque as horas passavam. Procurou o prior dos dominicanos e perguntou-lhe:

– Quantas vezes já tiveram de trocar o hábito no corpo de Irmã Rosa? Quatro ou cinco vezes?

– Seis vezes! Todos querem uma relíquia. Tem gente que traz uma pequena tesoura escondida na manga para cortar um pedacinho do hábito. Nem os soldados da guarda real do Vice-Rei conseguem deter essas pessoas.

Ao meio-dia, a igreja começou a esvaziar-se porque nesse horário, por causa do sol forte, entre o meio-dia e as três horas da tarde, havia a sesta, em que, após a refeição, todos repousavam. Nesse ínterim, os frades, aproveitando o silêncio envolvido por uma suave fragrância de perfume de rosas, fizeram uma procissão com velas acesas, orações e, uma vez mais, contemplaram o rosto dessa filha de São Domingos, cujo corpo, após trinta e seis horas de seu falecimento, permanecia intacto, sem nenhum mau odor. O cortejo passou a seguir em silêncio. Ouvia-se só o barulho dos rosários até que chegaram ao jardim do convento onde a sepultaram. Foi preciso ser assim, pois, se dependesse do povo, teriam dificuldade para sepultá-la. Padre João Lorenzana fez uma prece espontânea:

– Para sempre seja bendito o dia em que vieste ao mundo. Roga por nós, Irmã Rosa, agora que estás no céu.

Os padres estavam preocupados com a reação do povo ao saberem do sepultamento. Mas todos compreenderam e sentiram enorme alegria no coração. Por fim, a filha caçula de Gaspar Flores e Maria Oliva pôde descansar. Uma jovem partira desta vida para ser uma santa, passeando nos belos jardins do céu.

CANONIZAÇÃO

Com vários livros lançados por todas as partes do mundo, relatando a vida, os feitos e os milagres operados por Deus, mediante a intenção da Beata Rosa de Lima, cresceu a cada dia a devoção a sua pessoa e já não havia mais tempo para esperar sua canonização. Seria ela a primeira santa das três Américas, porque tanto na América do Norte, como na América Central e América do Sul passaram muitos missionários que se tornaram santos, mas eram da Europa. A Beata Rosa era diferente, era filha da terra, nascida na cidade de Lima, capital do Peru. Era uma legítima personalidade americana, oriunda do Novo Mundo, da América do Sul.

Relatos dos inúmeros milagres operados pela intercessão da Beata Rosa foram enviados para Roma por meio dos bispos de todas as partes do mundo. Três meses após sua elevação ao pontificado, o papa Clemente X pediu que o processo de canonização da Beata Rosa prosseguisse e que, entre todos os milagres apresentados, se escolhessem quatro dos mais significativos.

A Sagrada Congregação dos Ritos concluiu os trabalhos no final do ano de 1670. Foram aprovados quatro dos grandes milagres, entre os oito apresentados. Nenhuma prova a mais era necessária para canonizá-la. O papa Clemente X marcou a canonização para a data de 12 de abril de 1671, oitava da Páscoa. Queria que essa data fosse inesquecível e a mais festiva possível. Na mesma ocasião, seriam também canonizados dois beatos espanhóis e dois beatos italianos: o italiano Beato Caetano de Thiene, fundador da Ordem dos Clérigos Regulares (Teatinos) – aqui se faz ressaltar um fato interessante: o Beato Caetano de Thiene era filho de Maria Porto, italiana e fervorosa dominicana da Ordem Terceira de São Domingos de Gusmão; o Beato Luiz Bertrando, dominicano espanhol, que foi missionário na Colômbia e na Venezuela; o Beato Francisco de Borgia, jesuíta e espanhol; e o Beato Felipe Benicio, italiano da Ordem dos Servos de Maria (Servitas), que chegou a ser eleito Papa, mas não aceitou o cargo.

A Europa e o Novo Mundo se prepararam para tão grande acontecimento no mundo cristão católico. O papa Clemente X realizou a grande cerimônia em Roma, canonizando os cinco novos santos. A Bula de Canonização é extensa, por isso se faz necessário omiti-la em detalhes.

Ao concluir este livro com a vida e os feitos de Santa Rosa de Lima, cito o último parágrafo da Bula, porque é importante deixar registrado.

Em honra da Santa e Indivisa Trindade e exaltação da Fé Católica, pela Autoridade de Deus Onipotente, Pai, Filho e Espírito Santo, dos Bem-Aventurados Apóstolos Pedro e Paulo e da Nossa, de consenso e unânime consentimento de nossos Veneráveis da Santa Igreja Romana, Patriarcas, Arcebispos e Bispos que se encontram na corte Romana, definimos que a Beata Rosa de Santa Maria, virgem de Lima, cuja vida, santidade, sinceridade de fé e excelência de Milagres consta plenamente, é Santa e decretamos que como tal deve ser inscrita no Catálogo das Santas Virgens, como teor das presentes, assim o Determinamos, Definimos e Confirmamos....

Dado em Roma, em São Pedro, no dia 12 de abril de 1671 da Encarnação do Senhor, terceiro ano de nosso pontificado.

Eu, Clemente, Bispo da Igreja Católica.

A celebração da canonização de Santa Rosa de Lima foi a grande apoteose em seu país. Nascida na cidade de Lima, capital do Peru, ela ficou conhecida como *Santa Rosa de Lima*. É a primeira santa canonizada do continente americano também conhecido como *Novo Mundo*. Santa Rosa é patrimônio da Igreja Católica. Filha espiritual de São Domingos de Gusmão, leiga da Terceira Ordem Dominicana (Ordem dos Pregadores). Santa Rosa é da América, da América do Sul, da América Latina. Ela é a santa, a intercessora e irmã de cada um que nasceu no continente americano. Ela é a "Rosa das Américas".

SANTA ROSA DE LIMA NO BRASIL

Santa Rosa de Lima é muito conhecida no Brasil, tanto assim que existem várias cidades com seu nome, das quais ela é também a padroeira oficial. E são elas:

Santa Rosa, no Rio Grande do Sul.

Santa Rosa de Lima, em Santa Catarina.

Santa Rosa (Sombrio), em Santa Catarina.

Santa Rosa da Serra, em Minas Gerais.

Santa Rosa de Lima (Montes Claros), em Minas Gerais.

Santa Rosa dos Dourados (Coromandel), em Minas Gerais.

Nova Santa Rosa, no Paraná.

Santa Rosa de Lima, em Sergipe.

Santa Rosa (Formosa), em Goiás.

Santa Rosa (Natividade), em Goiás.

Santa Rosa de Goiás, em Goiás.

Santa Rosa do Meia Ponte (Itumbiara), em Goiás.

Santa Rosa da Vigia, no Pará.

No Brasil, existem inúmeras paróquias a ela dedicadas. Na cidade de São Paulo, no bairro de Perdizes, está situado o Santuário de Santa Rosa de Lima, anexo ao colégio que também tem seu nome. No Parque Paulistano, no Jardim Tremembé e no distrito de Perus, há paróquias em honra de Santa Rosa. No litoral paulista, na cidade Guarujá, também há uma paróquia santuário em sua honra. Nessa paróquia, é muito forte a devoção a Santa Rosa.

Na cidade de Salvador, na Bahia, no bairro Costa Azul, existe uma paróquia dedicada a Santa Rosa de Lima.

Pelo país todo existem inumeráveis capelas, como no bairro do Gama na cidade mineira de Uberaba, em Jaguaribara no Ceará, em Caruaru no Pernambuco, em Belém do Pará e Cabeceiras em Goiás.

Além disso, existem grupos religiosos, comunidades, colégios, creches, entidades de promoção humana que tem Santa Rosa de Lima como padroeira.

Suas imagens encontram-se espalhadas pelo território brasileiro em nichos, altares e nos oratórios domésticos.

Pela identificação da juventude com sua pessoa, por meio de seus feitos na área da promoção humana e no lado religioso, existem muitas comunidades paroquiais com seu nome.

Santa Rosa de Lima é muito venerada, querida e amada pelo povo brasileiro.

Terceira parte

Devocionário

LADAINHA DE SANTA ROSA DE LIMA

Senhor, tende piedade de nós.
Jesus Cristo, tende piedade de nós.
Senhor, tende piedade de nós.
Jesus Cristo, ouvi-nos.
Jesus Cristo, atendei-nos.
Deus Pai, que sois um só Deus, tende piedade de nós.
Deus Filho, que sois um só Deus, tende piedade de nós.
Deus Espírito Santo, que sois um só Deus,
tende piedade de nós.
Santíssima Trindade, que sois um só Deus,
tende piedade de nós.
Nossa Senhora do Rosário, rogai por nós.
Santa Rosa de Lima, padroeira da América Latina,
rogai por nós.
Missionária incansável, rogai por nós.
Defensora dos injustiçados, rogai por nós.

Nossa intercessora no céu, rogai por nós.
Protetora das crianças, rogai por nós.
Socorro dos doentes, rogai por nós.
Promotora da paz, rogai por nós.
Defensora dos que sofrem preconceitos, rogai por nós.
Defensora dos escravizados, rogai por nós.
Amiga do Menino Jesus, rogai por nós.
Adoradora Eucarística, rogai por nós.
Terror das forças malignas, rogai por nós.
Zelosa pelos sacerdotes, rogai por nós.
Privilegiada por carregar o Menino Jesus nos braços, rogai por nós.
Protetora da família, rogai por nós.
Protetora dos missionários, rogai por nós.
Promotora vocacional, rogai por nós.
Devota do Santo Rosário, rogai por nós.
Devota de Maria Santíssima, rogai por nós.
Filha honrosa de São Domingos, rogai por nós.
Protetora dos leigos engajados, rogai por nós.
Defensora e protetora dos índios, rogai por nós.
Protetora da juventude cristã, rogai por nós.
Zelosa guardiã da Igreja, rogai por nós.
Socorro dos aflitos e atribulados, rogai por nós.
Auxílio dos pobres e necessitados, rogai por nós.
Nosso socorro eficaz, rogai por nós.
Que tudo pode junto a Jesus, rogai por nós.
Filha amorosa de Maria Santíssima, rogai por nós.

Cordeiro de Deus, que tirais os pecados do mundo,
– perdoai-nos, Senhor.
Cordeiro de Deus, que tirais os pecados do mundo,
– atendei-nos, Senhor.
Cordeiro de Deus, que tirais os pecados do mundo,
– tende misericórdia de nós.

Oremos: Senhor, nosso Deus, que fizestes de Santa Rosa de Lima uma serva fiel a vossa palavra e obediente a vossa Igreja, no despojamento para vos servir, fazei-me digno(a) de tudo o que Santa Rosa pede a vós por mim e, ajudado por ela, possa eu também seguir seus exemplos de vida e santidade e um dia chegar até vós na pátria celeste. Peço-vos tudo isso por Jesus Cristo, vosso Filho e Nosso Senhor, que convosco vive e reina, na unidade do Espírito Santo. Amém.

ORAÇÃO A SANTA ROSA DE LIMA

Gloriosa Santa Rosa de Lima, que tiveste o sublime privilégio de abraçar e afagar o Menino Jesus em teus braços por inúmeras vezes, sê minha especial intercessora junto a esse Santo Menino por uma graça de que tanto necessito (mencionar a graça). Em consideração à grande devoção que sempre tiveste ao Menino Jesus, eu creio que Ele atenderá teu insistente pedido a meu favor.

Tu, que sempre tiveste imensa compaixão pelos pecadores e pelo desvalido, não olhes as falhas e o pecado de quem te implora, neste momento de aflição, mas, sobretudo, leva em consideração meu insistente pedido. Ajuda-me a ter uma correta vida cristã, ser fiel à Igreja, ser perseverante na oração e cultivar em mim um grande amor e devoção ao Menino Jesus. Amém.

LEMBRAI-VOS

Lembrai-vos, ó gloriosa Santa Rosa de Lima, que nunca negastes ajuda a todos os que vos procuravam para pedir--vos vossas orações, um pedaço de pão ou uma cura física em vossa enfermaria. Sempre solícita e atenciosa, como mãe amorosa a socorrer os filhos nas desventuras da vida, vós os socorríeis e ainda os recomendáveis ao Menino Jesus a quem chamáveis de "Doutorzinho". Agora no céu, beatificada, diante de Deus, não me negueis vossa ajuda no que eu tanto necessito. Sede minha grande intercessora junto ao "Doutorzinho" e a Nossa Senhora do Rosário para que eu tenha meu pedido atendido neste momento de aflição. Em vossas mãos, entrego minha causa confiante de que meus rogos não serão em vão. Santa Rosa de Lima, protegei-me e intercedei por mim junto ao Menino Jesus. Amém.

ORAÇÃO A SANTA ROSA PELA AMÉRICA LATINA

Gloriosa Santa Rosa de Lima, cuja missão a Igreja lhe delegou de ser a padroeira da América Latina. Olhai e intercedei pelo povo latino-americano, que sofre a desigualdade social, discriminação e falta de oportunidade para o estudo e o trabalho. Olhai por nossas crianças, nossos jovens, adultos e idosos. Intercedei a Deus por nossos índios, que nem sempre são respeitados, pois são explorados e expulsos de suas terras. Nossos irmãos vieram de outros países do outro lado do mar e agora integram conosco uma só comunidade. Pelos artistas, músicos, cantores, compositores, artesões e artistas plásticos, que fazem de sua arte, de seu talento tudo o que possa ser útil a si, ao próximo a fim de, assim, proclamar as grandezas de Deus, pelos que passam privação de alimentos e vestimentas intercedei. Aos que se encontram enfermos pedi a bênção da saúde, aos desempregados, um trabalho para sua subsistência. Intercedei pela Igreja na América Latina e por seus mártires, que derramaram seu sangue em defesa dos mais fracos e oprimidos. Pedi por nós contra governantes opressores e mal-intencionados com o povo. Intercedei por todos os seus irmãos da grande nação latino-americana. A todos confortai com vossas orações e vossa poderosa intercessão junto ao Menino Jesus, que nunca negou atender seus insistentes pedidos. Tende seu olhar e sua atenção para a América. Assim seja.

COROINHA DE SANTA ROSA DE LIMA

(Usando um terço)

Sinal da Cruz / Pai-Nosso / Três Glórias

No lugar do Pai-Nosso, reza-se:

"Santa Rosa de Lima, intercedei por mim junto ao Menino Jesus".

No lugar da Ave-Maria, reza-se:

"Menino Jesus Doutorzinho, tende piedade de mim".

No final, reza-se uma Salve-Rainha e a seguinte consagração:

Ó Rainha do Santíssimo Rosário, tomai posse de todo o meu ser. Mandai nele como soberana. Expulsai de meu corpo e de minha alma tudo que vos desagrade. Santificai meu coração, imprimi nele as disposições celestes. Peço--vos isso em nome do Menino Jesus, vosso Filho querido e Senhor nosso. Assim seja.

DOZENA DE SANTA ROSA

Começa no dia 12 de agosto e termina no dia 23, dia da festa da santa. Faz-se um pequeno altarzinho com uma imagem de Santa Rosa, pode-se colocar uma rosa e uma vela acesa na hora da dozena. Começa com oração do Pai-Nosso e de três Ave-Marias. Em seguida, reza-se a Ladainha de Santa Rosa de Lima.

Oração final para todos os dias: Gloriosa Santa Rosa de Lima, durante esta dozena que faço em vossa honra, apresentai meus pedidos e minhas necessidades diante do Menino Jesus, por meio de Nossa Senhora do Rosário. Sede minha grande intercessora no céu e minha santa protetora na terra, ajudando-me a vencer os erros, os pecados e as imperfeições, para que um dia eu também possa atingir a santidade. Ajudai-me, protegei-me e me orientai nesta caminhada terrena para que um dia eu também possa, junto de vós, viver as alegrias celestes. Amém.

NOVENA A SANTA ROSA DE LIMA

Primeiro dia

***Tema:* Amor à missa e aos sacerdotes**

Gloriosa Santa Rosa de Lima, que tivestes grande respeito, amor e dedicação aos sacerdotes e a eles dedicastes muitas orações, muitos jejuns e sacrifícios diários para que perseverassem na vocação que o Senhor os chamou, continuai do céu a orar por eles. Vós, que tivestes sempre um grande amor e uma grande devoção a santa Missa, porque nela Jesus se faz presente no sacrifício Eucarístico, orai para Deus suscitar a vocação em muitas almas generosas, para que sempre tenhamos santos sacerdotes na Igreja, que exerçam seu ministério de forma coerente e generosa, e possamos sempre ter Jesus presente na Eucaristia entre nós no santo sacrifício da missa.

Oração final: *(todos os dias)* Deus, nosso pai, que imprimistes em vossos santos vosso brilho e esplendor de santidade, para serem para nós exemplo de que, se eles conseguiram, também nós podemos chegar a ser santos. Por meio da redenção na cruz de vosso filho, Jesus, nosso Deus e Senhor, vós nos destes a graça da salvação e, pelo batismo no Espírito Santo, o direito de atingirmos a santidade. Que Santa Rosa de Lima, vossa filha querida, que neste mundo foi fiel a vossos ensinamentos e testemunhou o amor misericordioso de Jesus Cristo, por meio do acolhimento aos pobres, doentes, injustiçados e marginalizados, imprima em nosso coração um amor misericordioso para com nosso próximo. Amém.

Pai-Nosso... Ave-Maria... Glória ao pai...

Segundo dia

***Tema:* Amor à oração**

Piedosa Santa Rosa de Lima tivestes grande amor à oração como fonte de graças e alimento espiritual. Ainda pequena, descobristes que a oração é um diálogo com Deus como fonte certa e segura de nos comunicarmos com Ele. Apesar de vossas múltiplas atividades em vossos trabalhos, conseguíeis arrumar tempo para vos dedicar inteiramente à oração. Foi a oração vossa escada para o céu, a qual subíeis os degraus diariamente em busca da perfeição.

Inúmeras noites passastes em oração. E, nesses momentos místicos de santidade, recomendáveis todos a Deus, principalmente a conversão dos pecadores. Por aqueles que não conseguem ser disciplinados e perseverantes na oração intercedei, pois ela é o caminho da santidade de todos. Intercedei por eles e por todos nós. *(Conclui-se com oração final.)*

Terceiro dia

***Tema:* Amor aos doentes**

Caridosa Santa Rosa de Lima, vossa preocupação com os enfermos foi um amor excessivo. Chegastes a pedir a vossos pais um cômodo da casa para transformá-lo em uma enfermaria, para poderdes socorrer os doentes da cidade de Lima. Para vossa casa, acorriam todos os doentes que não tinham recursos financeiros para se cuidarem com profissionais de saúde da época. A eles aplicáveis todo vosso conhecimento em plantas e ervas, junto às orações, e conseguíeis curá-los. Várias noites em claro passastes à cabeceira de uma pessoa enferma, cuidando e orando por seu restabelecimento. Diante de tantos descasos com o próximo em seu momento de enfermidade, Santa Rosa de Lima, intercedestes por eles para que obtivessem de Deus a graça da saúde. *(Conclui-se com oração final.)*

Quarto dia

Tema: Amor aos índios, aos escravos e às crianças

Santa Rosa de Lima, ainda criança, na cidade de Quive, presenciou cenas de injustiça, exploração e violência contra os indígenas, filhos legítimos do solo peruano. Expulsos de suas terras pelos brancos poderosos, os índios tornavam-se escravos ou mendigos, pedindo esmolas para sobreviver. Seu amor misericordioso pelos índios das três Américas era tão grande que dizia que, se fosse homem, seria missionária entre eles. Os filhos da África, descendentes de nobres em seu país, foram forçados a irem para o Peru e outros países das Américas para serem escravos. Diante das privações e da penúria de seus pais, crianças acabavam virando pedintes nas ruas da cidade de Lima. Tudo isso causava grande tristeza e indignação em Santa Rosa. Ela queria ajudar, por isso entregou sua vida a esses pobres e infelizes, tal como uma mãe, protetora e provedora de suas misérias. O mundo não mudou nada. Os índios continuam sendo expulsos de suas terras, o branco derruba as árvores e destrói a natureza, contamina rios com mercúrio, para extrair ouro de suas terras. Levam doenças mortais e semeiam imoralidade entre eles. Os povos afrodescendentes sofrem discriminação, preconceito e perseguição. E as crianças são vítimas de muitos males, inclusive os da imoralidade. Que Santa Rosa de Lima continue amparando a todos com sua proteção e suas orações. *(Conclui-se com oração final.)*

Quinto dia

Tema: Amor à Palavra de Deus

Fervorosa e devotíssima da Palavra de Deus, Santa Rosa conhecia de cor todos os textos dos Evangelhos e todas as cartas de São Paulo Apóstolo. Tinha profundo amor às Escrituras Sagradas, que tanto meditava quanto as pregava, instruindo e fortalecendo as pessoas na fé. Como Santa Catarina de Sena, que pregava no púlpito, Santa Rosa de Lima pregava e anunciava a Boa-Nova a todos a quem dela se aproximavam. Suas pregações foram feitas não só com a palavra, mas também com o testemunho de vida. Um verdadeiro filho, ou verdadeira filha, de São Domingos de Gusmão ama a Palavra de Deus, medita-a e leva aos outros o fruto, como resultado de suas meditações. Assim fazia Santa Rosa de Lima em seu dia a dia, vivendo sua vocação por meio do carisma da Ordem Dominicana, que é a pregação da Palavra de Deus. Ninguém pode ensinar o que não sabe, corre o risco de disseminar heresias, ensinando algo errado e levando as pessoas a equívocos. Santa Rosa de Lima, fiel aos princípios da Ordem, buscava ensinamentos por meio de estudos com os frades dominicanos e deles obtinha os elementos necessários para bem realizar seu trabalho missionário. O amor à Palavra de Deus fez de Santa Rosa de Lima uma fervorosa contemplativa e uma ardorosa pregadora ativa. *(Conclui-se com oração final.)*

Sexto dia

Tema: Amor ao Menino Jesus

Aos cinco anos de idade, sem que ninguém lhe tivesse alfabetizado, ela apareceu lendo e escrevendo. Sua mãe, surpresa, perguntou-lhe quem a havia ensinado. Ela inocentemente lhe respondeu que fora o Menino Jesus. A santidade de Santa Rosa começou a despontar quando ainda era uma criancinha. Esse convívio com o Menino Jesus foi para a vida toda. Quando já adulta e pertencendo à Ordem Terceira Dominicana, ela, em sua pequenina ermida, recebeu inúmeras vezes a visita do Pequeno Infante durante suas orações. Ele conversava com ela e a instruía nos assuntos mais profundos de vida e santidade. Pequenino, inúmeras vezes dormia em seus braços. Assim como Santa Rosa de Lima, alguns santos tiveram esse sublime privilégio de ter o Cristo Menino nos braços, como Santo Antônio, São Benedito e São Caetano de Thiene. Diante de tão sagrado privilégio, Santa Rosa de Lima intercedia por todos que a ela se recomendavam pedindo orações. Ela tinha uma imagem do Menino Jesus na enfermaria montada em sua casa. Deu a ele o título de "Doutorzinho", pois todas as curas ali ocorridas eram atribuídas a Ele, que, logicamente, não negava nenhum pedido que Santa Rosa de Lima lhe fazia. *(Conclui-se com oração final.)*

Sétimo dia

Tema: Amor aos doentes e necessitados

Em uma época em que só os ricos podiam ter acesso aos médicos, muitos eram os enfermos que padeciam na precariedade de seus casebres ou mesmo nas ruas de Lima. Santa Rosa com suas irmãs de hábito da Ordem Terceira decidiram acolher essas criaturas infelizes na enfermaria por ela criada, em um cômodo de sua casa paterna. Fazendo uso de plantas, folhas, raízes, infusão de chás, unguentos em forma de pomadas, curavam os enfermos. Uma botânica nata, que, desde criança, além de frutas e flores, também cultivava ervas aromáticas e plantas medicinais. Tinha grandes conhecimentos sobre as plantas, por isso sabia bem usá-las de forma certa e objetiva para atingir a cura de cada enfermidade. Dedicou-se durante anos à enfermagem como uma autodidata em medicina fitoterápica. E o sucesso das curas eram cem por cento garantidas.

Também os famintos e necessitados tinham sua atenção. De onde conseguia ajuda até hoje permanece um mistério, porque ela não revelava o bem que fazia. Só depois de sua morte é que os que foram ajudados por ela contaram. Com certeza tinha a ajuda de muitas famílias benfeitoras, que, vendo seu empenho, lhe faziam doações que ela imediatamente aplicava no socorro dos menos favorecidos, principalmente crianças, jovens e idosos. Santa Rosa de Lima revolucionou a promoção humana em sua cidade, em seu tempo. *(Conclui-se com oração final.)*

Oitavo dia

***Tema:* Amor à justiça**

Se existiu algo marcante na vida de Santa Rosa de Lima, foi sua luta incansável pela justiça e pela promoção da paz. Foi mesmo uma guerreira nessa questão e uma pregoeira da verdade que empunhou a bandeira da paz e a espada contra o mal social. Nela sempre houve um repúdio pelas injustiças. Sempre se posicionou ao lado dos fracos, oprimidos e injustiçados; vai levá-los em seu coração pela vida toda. Um país como o seu, rico em ouro, prata, diamantes, pedras preciosas e outros minerais, favorecia os ricos poderosos, vindos da Europa. Já os filhos do Peru, verdadeiros donos dessas riquezas, foram expulsos de suas terras e passaram a viver como indigentes e pedintes pelas ruas de Lima. Apesar de sua figura feminina, materna, carinhosa e acolhedora, foi uma mulher forte e encarnava em si a verdade, a justiça e a palavra viva de Cristo, que esteve sempre do lado dos necessitavam de seu apoio. Santa Rosa de Lima nunca ficou em cima do muro. Levou a sério as palavras de Jesus Cristo: "Que seu falar seja 'Sim,' se for 'Sim', e 'Não', se for 'Não'; o que vai além disso procede do

Maligno" (cf. Mt 5,37). Santa Rosa, apesar de sua imagem frágil fisicamente, nunca se acovardou diante do que era errado. Sempre esteve ao lado da justiça e da verdade. *(Conclui-se com oração final.)*

Nono dia

***Tema:* Amor a Nossa Senhora do Rosário**

Santa Rosa tinha em Nossa Senhora seu tudo. Era a mãe, a mestra, a conselheira e sua madrinha vocacional. Desde pequenina sua ligação com ela foi muito forte, assim como a devoção por seu Rosário. Na igreja dos dominicanos de Lima, diante da imagem de Nossa Senhora do Rosário, buscou as respostas para todas as suas dúvidas. E foi Nossa Senhora do Rosário que mostrou a ela qual era sua vocação: ser uma irmã leiga dominicana, porém missionária no mundo, pois era onde Deus a queria, no meio do povo sofrido e marginalizado. Ela obtinha tudo o que pedia à Mãe do Céu, inclusive aquela expulsão dos invasores piratas holandeses. A devoção a ela teve prioridade em toda a sua vida. Nossa Senhora não era uma figura distante ou apenas venerada em quadros e imagens, Maria Santíssima estava presente de forma viva no dia a dia de Santa Rosa de Lima, como alguém que era parente de sangue. Nisso Santa Rosa nos dá um exemplo de filhos que amam a mãe. Devemos ser muito mais próximos de Nossa Senhora, com a intimidade de a chamarmos de "Mãe", porque é justamente isso que ela é para nós; foi o próprio Jesus quem nos deu Maria por mãe em seus últimos momentos da cruz (cf. Jo 19,25-27). Rezar diariamente o Rosário é uma forma de demonstrarmos carinho e amor filial para com Nossa Senhora e, como filhos, estarmos em constante contato com ela. Santa Rosa de Lima fazia exatamente isso. *(Conclui-se com oração final.)*

REFERÊNCIAS BIBLIOGRÁFICAS

PELUSO, Frei Vicente de Andrade, OP. *Rosa das Américas.* Editora Salesiana, 1988.

WINDEATT, Mary Fabian, OP. *Santa Rosa de Lima.* Editora Vozes, 1954.

MORTIER R.P.D-A, OP., *Santa Rosa de Lima.* Tipografia do Centro-Porto Alegre, 1923.

GENEVOIS, Frei Antoine Marie, OP. *A Ordem Leiga de São Domingos.* São Paulo, 1953.

LACORDAIRE, Frei Henri Dominique, OP. *Vida de São Domingos.* Lisboa, 1925.

ABBRESCIA, Frei Domenico M. OP. *Laici Domenicani.* Nicolini Editore, Gavitare, 1989.

CÚNSULO, Frei Rafael OP. *Il Vietnam Sotto Il Segno Della Croce.* Roma, 1988.

OBRAS DO MESMO AUTOR PELA EDITORA SANTUÁRIO

Vida de São Domingos de Gusmão
Vida de São Jorge
Vida de São Sebastião
Vida de São Peregrino